“十二五”国家重点出版物出版规划项目

教·育·改·革·与·发·展·研·究·书·系

区域教育供给机制原理与实践方式研究

吴景松　著

黑龙江教育出版社

图书在版编目（C I P）数据

区域教育供给机制原理与实践方式研究 / 吴景松著.
-- 哈尔滨 : 黑龙江教育出版社, 2015.12
（教育改革与发展研究书系 / 田慧生主编）
ISBN 978-7-5316-7941-7

Ⅰ. ①区… Ⅱ. ①吴… Ⅲ. ①地方教育—供给制—研究—中国 Ⅳ. ①G527

中国版本图书馆CIP数据核字(2016)第006721号

教育改革与发展研究书系
区域教育供给机制原理与实践方式研究
Quyu Jiaoyu Gongji Jizhi Yuanli Yu Shijian Fangshi Yanjiu
吴景松 著

责任编辑 赵 丽
封面设计 朱建明
责任校对 王 月
出版发行 黑龙江教育出版社
（哈尔滨市南岗区花园街 158 号）
印 刷 黑龙江远东联达教育文化传媒有限公司
开 本 787 毫米 × 1092 毫米 1/16
印 张 11.25
字 数 165 千
版 次 2015 年 12 月第 1 版
印 次 2015 年 12 月第 1 次印刷

书 号 ISBN 978－7－5316－7941－7 **定 价** 34.00 元

黑龙江教育出版社网址：www. hljep. com. cn
如需订购图书，请与我社发行中心联系。联系电话：0451－82533097 82534665
如有印装质量问题，影响阅读，请与我公司联系调换。联系电话：0451－84560820
如发现盗版图书，请向我社举报。举报电话：0451－82533087

丛 书 主 编：田慧生
丛书副主编：刘　芳
丛 书 策 划：丁一平　赵　力
政策卷主编：吴　霓
学前卷主编：霍力岩

序　　言

教育供给机制是保障教育机会的现实构成。它是解决教育投资者之间关系,即政府、社会生产部门、团体组织及私人机构等投资主体间的利益关系的重要制度。但是由于经济文化差异与教育发展的既定格局,我国不同区域间的教育公共服务水平(提供的教育机会)呈现出极大的不平衡状态。这种不平衡直接影响了我国人力资源强国的建设进程,也制约了更多社会公众的教育服务均等化水平的提高。与此相应,由于国度、教育发展水平,以及学者的视角、立足点差异,人们对区域教育公共服务均等化产生了不同的理解;不过,从政府保障层面来分析,区域教育公共服务均等化是指"政府要为社会公众提供基本的、在不同阶段具有不同标准的、最终大致均等的公共教育物品和服务"。其内涵体现出全体公民享有的基本教育公共服务的机会均等、结果大体相等、过程中有自由选择权等精神。具体内容和范畴包括:

(1)区域教育公共服务的投入来源于国民收入,那么在满足一定条件的情况下,教育公共服务规模总量越大,全民受教育水平越高;教育公共服务质量越是均等化,全民受教育水平也越高。

(2)根据罗尔斯《正义论》中的补偿原则,在经济发展到一定阶段,国家投入教育的公共服务经费越大,教育公正的保障性越高;通过财政转移支付均衡区域教育公共服务供给水平差距,将增加教育公正。

(3)区域教育公共服务均等化是教育公共性与公共利益性的重要影响因素,公共教育财政支持公共教育供给水平均等化,更有利于公共教育的公共利益的实现、促进教育的发展;公共教育资源分配要合理化,提倡充分考虑个人教育"需求"的"相对均等化",而非简单的"平均化"。

(4)区域教育公共服务均等化能促进个人能力的提高,进而提高社会福利,是一项具有保障全民基本受教育权、提高全民文化素质的政府政策。

(5)因区域教育公共服务的提供和生产在一定程度上具有非排他性和非竞争性,实施区域教育公共服务水平均等化符合帕累托改进原则,达到了帕累托最优定理优化教育公共服务供给资源配置的要求,从而,从效率的要求出发实现了效率与公平兼顾的结果。

基于这种逻辑认识,本书侧重于研究区域教育公共服务供给过程中政府供给机制与市场供给机制之间合作的逻辑模式,提供全面、合理的比较分析框架,把区域教育公共服务供给的动力和制约因素定量化。既能深化政府在教育公共服务均等化过程的职能理解,又能依据社会大环境中复杂影响因素进行科学预测和决策。

针对"十二五"教育部规划课题的研究目标,笔者在全国东中西部地区42个县级区域开展调查,调查和分析结果发现,东中西部区域教育发展水平间的差距越来越大,并形成了人均GDP决定了教育供给能力,人均财政支出决定了教育供给能力的实现程度,生均公用经费额度决定了教育供给质量水平,师资水平决定了教育供给竞争力,社会力量的有效参与成为提升教育供给水平重要力量等结论。同时,还发现区域内部的教育差异水平远大于区域间的教育差异水平。为此,课题组负责人进一步将研究重心聚焦在区域教育公共服务均等化领域,开始从理论转向实践,以期有效回应教育发展中最为现实和迫切需要解决的一些核心问题。其间研究发现通过标准差、极差、极差率、变异系数和多元回归等计量方法,掌握了区域教育发展水平各要素的发展现状及其相关关系。

教育供给总是与公共选择方法和市场选择方法紧密相连。从实现学校教育的社会目的和意义角度出发,公共选择方法比市场选择方法更有优势;因为公共选择方法可通过标准的教育经验和规范,为广大的学生及其家长提供公平的获得教育利益的机会。从实现学校教育的个人目的和意义层面分析,市场选择方法优于公共选择方法,因为市场选择方法通过鼓励个体学校提供不同的服务来吸引特殊的客户,从而满足一个广泛范围内的学生及其家长的偏好。通过理论层面的探讨之后,结合影响区域教育公共服务水平的各种因素作用,本书进一步论证分析了基于政府逻辑与市场逻辑的教育供给机制的原理,从而得出"大政府弱教育"供给模式与"强政府强教育"供给模式的结论。最后,依据区域教育供给目标,提出了区域教育公共服务均等化实现的制度抉择、可采取的方式以及可衡量的标准等建议。

吴景松

二〇一二年十二月

目　录

坚持教育的公益性和普惠性，保障公民依法享有接受良好教育的机会。建成覆盖城乡的基本公共教育服务体系，逐步实现基本公共教育服务均等化，缩小区域差距。

——摘自《国家中长期教育改革和发展规划纲要(2010—2020 年)》

第一章 导 论

教育尤其是义务教育是人类社会发展不可或缺的动力，无论是对于个体的公民，还是对于整体的国家，它都有着至关重要的意义。无论身处任何地区，任何国度，谁还能说义务教育与己无关呢？没有一个政府会对其放任而处之泰然。那么政府、市场与公民在教育提供和生产中扮演何种角色并承担何种义务呢？沿着这样的思考，我一直在忙碌地搜寻着问题、搜寻着理论、搜寻着历史，在拾获中不断地舍弃，在舍弃中慢慢地缩小着包围圈。最终，我正式将其定格在“区域教育供给机制与方式”的研究上，恍然经历了山重水复之后的柳暗花明。

第一节 区域教育供给问题的缘起

随着我国经济与社会的不断发展，教育越来越受到关注。构建和谐社会，构建和谐区域，不断提升教育质量和教育均衡，成为区域教育发展的焦点。但是，由于历史的原因和现实的困境，地方政府在教育领域的有效供给能力面临越来越大的挑战，区域教育差异日渐扩大。只有教育的多样化才能满足社会和公众对教育的不同需求。由于现行的区域教育供给机制不灵活，提供教育的方式相对单一，既有的区域教育无法适应新的形势。长期以来，我国的区域教育供给机制与方式的研究成果多集中于理论层面的探讨，难以解决现实的区域教育发展所面临的具体问题。对于区域经济而言,区域教育在这方面的研究相当滞后。

当前,既有的区域教育机制与方式严重阻碍区域教育发展速度和规模,另一方面,区域教育正逐渐成为各国教育改革与教育质量提升的关键环节,区域教育供给机制与方式越来越受到更多国家和地区重视。但是,直到今天,我国区域教育供给机制与方式的研究还很薄弱,从教育大国向教育强国的转变,需要结合我国不同区域的实际和具体需求,研究区域教育供给机制的类型和方式,建立区域教育发展数据库,监测和评估区域教育供给机制的效能,确保区域之间协调发展,从而服务于区域教育的可持续发展。

在这种背景下,区域内提供什么教育,如何提供教育,采取什么样的办法和措施来解决体制机制问题,等等,成为研究者始终关注的焦点和核心。为此,我在博士后期间,相继在东中西三片地区开展调研:(1)提供什么样的教育——借助访谈和打电话、发邮件等沟通方式,了解100所学校校长的办学理念;(2)凭什么提供这种教育——借助地方教育行政部门,获取54个县级区域的教育发展水平与区域经济相关指标数据,探讨区域经济对教育供给水平的影响、作用;(3)采取什么方式提供这种教育——采用问卷和访谈方式,对26个县区教育局长(含分管教学的副局长)进行调研,获得区域内多种办学形式的资料和数据,诸如公办学校集团办学(采用市场机制与集权管理)、民办公助学校、公办民助学校、多方联营学校、民办学校等。

表1.1　东中西部的县区教育供给状态调研

	调研对象	具体内涵
提供什么样的教育	100位中小学校长	适合孩子成长;知书达礼;传承文化;人文气韵;个性发展;开放个性;培养德行;激发学生潜能;自主发展;民主和谐;君子淑女;差异发展;多元智能;创新能力;融合教育
凭什么提供教育	54个县区经济	人均GDP;人均财政收入;人均财政支出;城镇居民人均可支配收入;农民纯收入
采取何种方式提供	26位教育局长	名校集团;师资流动;创办新实验校;民办公助;公办民助;多方联营学校等

近年来，在国家教育政策与教育经费政策的保障下，教育公平问题有所缓解，教育质量有一定提高。不过，由于教育市场的逐步发展成熟，教育领域内的竞争，公办学校之间、公办民办学校之间、政府与社会力量之间出现一系列阻碍区域教育健康、可持续发展的因素。不同区域为社会和学生提供什么样的教育，将以何种方式提供教育，怎样保障教育供给能力再一次摆在教育理论者和实践者的面前。政府和社会关注教育发展，以何种方式介入教育发展才能满足经济社会发展的新需求？

图 1.1　优质学校的课堂教学现场：全自动电化黑板、鲜花、洗漱间、图书展柜

图 1.2　薄弱学校的课堂教学现场:一块黑板、一支粉笔、一本教材

一、如何建构理论

我国区域教育发展的宏观理论已经起步,并初现成果,但是理论与实践之间缺乏沟通桥梁。究其原因,主要是区域教育供给机制与方式的体系不完善,缺乏可操作性,缺乏科学性。因此,对区域教育供给机制与方式的探索提出价值取向与政策实施相互动的新指导思想和新原则,处理地方政府与其他组织(或部门)之间的关系,也是区域教育供给机制与方式研究的难点问题。本研究按照"公平优先原则"和"权利与义务对等原则"深入分析政府之间、政府与市场、政府与非营利组织之间等各自应承担的权利、义务、责任。绩效评估和监督方式也成为区域教育供给机制与方式研究的重要理论问题,如何操作,如何建构标准?

二、如何服务公众

区域教育供给机制与方式如何适应区域经济社会发展需要,满足公众对教育日益增长的需求?提供教育服务的主要载体是通过学校来完成,家长通过选择合适的学校来实现自己的目标。根据梅里菲尔德(Merrifield)的观点,父母择校时一般存在四种选择模式[①]:(1)“选择公立学校”,它是在一个学区或者一个州的范围内为学生提供入学的机会,而不考虑学生的来源或地区的边界。(2)既可以选择公立学校,也可以选择私立学校。这一模式中,选择私立学校的学生可获得某些形式的补助,诸如免税、教育券,或者政府直接资助等。(3)“政府资助下的私有化”,即公立学校体系被取消了,取而代之的是政府对父母的资助,父母可以为他们的孩子选择任何一所学校。(4)“完全的私有化”,即取消所有的公立学校和政府对教育的所有补贴,父母将独自承担子女的教育费用。对于这些不同的选择方式,我们在做出服务公众的决策时将如何取舍呢?

三、如何把握现状,提供对策

后义务教育时代,深度推进教育公平的覆盖面,从国家层面看主要是通过完善公共财政来实现的,而非义务教育阶段将会继续健全以政府投入为主,多渠道筹措经费成本分担的办法。可以说服务型政府建设将会提速,而且要确定好它所提供的公共教育服务中什么是应该直接提供的,什么是它可以付费的,什么是不需要投入,直接监管的。因此,要大力推行财务公开、教务公开,使得政府的钱,公办学校的钱置身于非常透明的监管程序之下,且提供公共教育服务多样化也要透明。在这种新环境和变革进程中,区域教育需求变化和新特征是什么?地方政府的教育供给能力如何?我国区域教育供给机制与方式现状如何?亟须解决的主要问题和次要问题有哪些?如何调整与变革?如何构建区域教育供给机制的新模式?

第二节　区域教育供给的研究基础

一、厘清核心概念

1. 区域教育:本课题主要指有一定同质性和内聚力且有较大独立性和自主

① [美]埃尔查南·科恩(Elchanan Cohn)编著,刘笑飞等译:《教育券与学校选择》,1~2页,北京,北京师范大学出版社,2008。

性的县级行政辖区(包含县级市、县、区)的义务教育。[①] 这种区域教育意味着:从教育属性上看,教育基本原理与规律能够在区域教育实践中获得完整的反映;从教育与社会关系角度看,区域教育既服务于国家战略,又要服务于区域经济社会的发展,是一个开放的教育系统。

2. 教育供给:从提供教育机会角度看,教育供给是指一定社会为培养各种熟练劳动力和专门人才,促进经济、社会和个体的发展,而由各级各类教育机构在一定时期内提供给学生受教育的机会。教育供给观念主要是针对教育的入口处。入学后,教育产品的提供是怎样的? 随着提供教育机会的增加,是否能保证教育质量达到应有的标准,在相同的资本投入下,数量与质量是矛盾的。如何在教育机会增加的同时,教育产品的供给不受影响。教育机会的增加和教育产品质量不断提高是教育供给问题要达到的终极目标。教育供给的视角延伸到了教育产品的供给。因此本文把教育供给界定为教育机会的供给和教育产品的供给。一般来讲,教育机会供给通过教育供给规模来反映,教育产品供给通过教育供给质量来反映。

3. 教育供给机制:主要是指区域教育供给过程中各要素之间的相互关系及其运行方式。这种机制能够完全左右着社会性的教育事业的前进方向,并作用于教育供给的方式、速度、规模等方面。

二、明确科学意义

区域教育供给研究的学术价值在于:它将形成一个较为系统的区域教育提供机制和方式的理论,推动我国区域教育发展和区域教育政策理论的创新。

1. 可以对区域教育的内在特质、价值理念和变化轨迹进行深入挖掘和整体勾勒,系统梳理区域教育供给的分类结构,如政府主导的教育供给、市场介入的教育供给、非营利组织介入的教育供给等,突破现有的模糊、泛化和抽象的理论概念、框架和范式。

2. 可以分析不同区域的教育需求和偏好、技术变革以及社会需求的联动关

---

① 本研究所有章节的区域教育专指义务教育阶段的中小学教育,如有其他释义将会特别标注。

系，在深入调查研究并进行比较分析和理论总结的基础上，探讨在教育资源和制度约束条件下区域教育可供抉择机制的创新途径，以及转变有关研究目前存在的理论脱离实际的倾向。

3. 可以拓展区域教育供给过程中政府供给机制与市场供给机制之间合作的逻辑模式，提供全面、合理的比较分析框架，深化县(市、区)供给教育的职能理解。同时形成以政府主导的政府、市场、社会多主体的教育供给框架。

从实践层面来说，该项研究可以推动我国区域教育及其提供机制和方式的变革，促进“区域教育供给水平均等化”与“区域社会和谐发展”的建设。基于我国当前的实践，分析我国区域教育供给的现状、成效、问题和趋势，把握其内在规律和发展方向，注重研究结果的实践性、应用性和可操作性，根据理论研究成果，设计一个适应后义务教育阶段我国区域教育发展实践需要的提供机制和方式的创新方案，推动我国区域教育供给机制和方式的变革。

三、掌握研究进展

区域教育供给的一个基本研究任务就是政府怎样将社会资源分配到教育领域。而各级政府的政策制定者在决定教育领域到底需要多少资源时没有一个客观的标准。按照惯例，政府机构一般考虑这些因素：组织的目的和需要；每个机构潜在的贡献和对整体的影响；通常的政治利益。所以相对来说，在这样的分配体系中教育处于不利地位。然而，19 世纪末期以来，不少经济政治哲学家看到了对教育的需求以及教育的重要力量。在为学校寻求财政支持时，教育家必须了解在政治上存在的不同政治观点，同时应利用与特定的政治家的哲学观相契合的概念在政治领域进行交流。越来越多的教育界的领导人认识到，所有主要的社会力量不能仅仅看到各自的目标和境况，还必须协同合作以解决彼此的问题。

(一)国际研究动态

从国外区域教育研究看，近些年更关注区域教育一体化发展研究、区域教育战略研究、区域教育规划研究、区域教育功能等理论层面的研究。如在区域规划方面美国加州高等教育规划创设了区域教育分类分层、按照功能定位的现代教育规划模式,可以借鉴。日本名古屋大学研究生院马越彻教授,以明确"区域"的教育特质为目的的比较研究,强调开展教育的"区域研究",对提高比较教育研究质量至关重要,他主张区域研究选择"现代"主题,采用非单一的跨学科方法,重视田野研究,对我们深入研究区域教育有一定启发。经济合作与发展组织(OECD)积极探索,把社会、经济环境变量纳入教育规划中,力图在真实的社会环境中规划教育发展未来,开发的教育制度分析框架也值得我们参考。在区域教育供给机制与方式的研究方面,英美等国家在20世纪中后期,通过将市场机制引入教育领域的途径,在区域层面对教育供给机制与方式的实践经验与理论研究都取得了长足发展。

(1)英国1988年颁布的《教育改革法》及1992年颁布的《学校教育法》《2000年目标:美国教育法》、1987年日本颁布的《推进教育改革大纲》等法律法规,无一例外地开始强化政府对教育的干预和控制,政府供给教育的机制与方式日益受到强化。

(2)在美国学者弗里德曼的《政府在教育中的作用》和《学校的问题在哪里》中的观点与著名经济学家哈耶克所持的教育市场化改革论,引发了西方区域教育供给机制与方式的变革,诸如校本管理运动、直接拨款公立学校、公助学额计划、民营教育公司、自由入学政策、"教育券"计划、"教育行动区"计划、特许学校等。

(3)根据美国学者埃利诺·奥斯特罗姆制度分析的方法,公共服务的提供和生产是两个完全不同的过程。[①] 所以,在公共服务的供给方式问题上,奥斯特罗姆主张要从政府直接供给的单一方式向多种类、多中心的社会组织共同供给的多种方式转变。多中心允许消费、提供、生产单位在不同的综合层次混合和搭配运作。与此同时,公共选择理论和新公共管理理论都主张"公共供给"生产者的多元化,即形成由政府、市场和社会组织共同生产包括义务教育在内的公共服务的格局。因此,义务教育产品可以采用"多中心"的供给方式:一是政府

① 在奥斯特罗姆看来,"生产"是一个物理过程,据此公益物品或者服务得以成为存在物,而"提供"则是指消费者得到产品的过程。

可以利用自己的生产单位，即通过设立公立学校来提供义务教育服务。二是政府可以与其他主体签约来提供义务教育服务。在这种情况下，政府把有关义务教育服务质量的有关决策转换成一些具体内容，向潜在的生产者发出要约，规定有关契约范围以及制定评估绩效的标准。

另外由于信息不对称的原因，政府也有必要使用中介组织。中介组织起购买代理人的作用，从潜在的义务教育生产者那里得到有关成本和生产可能性的信息，与义务教育生产者协商、签约，从消费者那里收集对于义务教育服务的意见、监督义务教育生产者提供义务教育服务的绩效。这一类主要包括四种形式：(1)凭单教育。政府通过收税使每一个人都相应地负担一部分教育经费，然后为每个家庭提供一张凭单(voucher)，这样使义务教育消费群体能够在不同的义务教育生产者之间选择以获得不同的服务。(2)政府内部不同组织共同供给。政府与其他政府或者政府的不同职能部门签约，来提供义务教育服务。(3)政府只提供义务教育服务的一部分，依靠其他生产单位来安排义务教育服务的其余要求。比如，义务教育阶段的学校后勤可以社会化等。

西方国家区域教育发展理论研究以及教育供给机制与方式的研究，其主旨在于提升教育质量和满足公民对教育的多样化需求。同时，区域教育供给机制与方式的研究，也是西方福利国家摆脱财政危机的主要途径。在严重财政危机和公民教育需求持续扩张的双重压力下，西方国家开始尝试把政府的角色定位从“自行生产服务者”调整为“服务的购买者”，探索更具有弹性和效率的区域教育的民间化机制。现实的改革催生了相关研究领域的繁荣，并反过来拓宽了改革的视野。

(1)类型分化　区域教育的研究类型不断分化，强调基于教育生产和教育供给的结构差异，构建不同的学校教育服务标准、输送机制、收益分配和评估方式，形成差异化和分散化的提供格局。

(2)理论纷呈　区域教育的研究集结了公共选择理论、制度主义和博弈论等多种途径，对区域教育的内涵、边界、类别进行了细致而详尽的描绘，勾画出区域内教育生产机制和合作框架扩展的多种可能性图景。

(3)问题导向　区域教育的研究成果力图贴近现实，具有强烈的问题意识和政策导向,注重现实的案例观察和实验,设计具有实践性和可操作性的政策工具,如“教育券”计划、志愿供给、特许学校和签订合同的民营教育公司等。总体来说,这些方法、技术和模式的探索无疑可以拓宽我们的改革视野,丰富区域教育政策创新的“工具箱”。

(二)本土研究成果

近几十年来,区域教育研究主要是各地区从各自实际出发,进行个案研究,如上海闸北区的“区域教育可持续发展研究”,江苏苏州地区、深圳南山区等地的教育现代化研究等。从全国的范围来看,比较有影响的有谈松华研究员主持的“九五”教育科学规划《中国区域教育现代化研究》,该研究在分析不同区域教育发展特征的基础上,提出区域教育现代化的目标和对策。全国教育科学“九五”规划课题《中国区域教育投资研究》,对我国区域教育投资方面存在和遇到的理论问题和现实问题进行了研究,董泽芳的《区域教育统筹与发展》等强调“以三教统筹为基础,以人才培养—科技研究—经济振兴为主线,使区域内经济、科技与教育各部门人力、物力、财力综合运用,产生最佳效益”等。“十五”期间,我国初步构建了区域教育学,明确了研究对象,建立了反映区域教育规律的概念、范畴体系,有了自己的科学研究方法,如湖南教科院彭世华的《发展区域教育学》,西北师大焦瑶光的《区域教育学》。此外,郭桂英在《我国区域教育发展现代化模式建构》一文中描述了教育现代化进程的过程变量,设计了教育现代化发展模式的建构程序,以及不同区域教育发展模式在教育现代化的起点、切入点、发展阶段、速度方面的差异。我国学者窦文章、房淑云曾发表文章《中国区域教育发展类型及模式研究》,对区域教育发展的要素进行过探讨。

由于区域教育的现场性、综合性等特点决定了区域教育研究有较大的难度,必须有多学科人员参与、并长期深入基层进行田野研究,才能洞察其基本规律。我国区域教育的差异较大,长期以来又习惯于“一刀切”的思维,因此,虽然有了前述的一些研究成果,但对于不同区域教育的特征、规律,以及现阶段如何促进区域教育有效均衡发展的许多问题尚待研究。云南师大的罗明东、王周红撰文《科学发展观与区域教育和谐发展》,提出了当前区域教育发展中存在的

“过分追求发展数量和发展速度”“区域教育发展差异有进一步拉大趋势”“教育贷款额度巨大，潜在风险增加”“区域教育发展中以人为本理念落实不到位”“区域教育内部结构不协调”等问题。为解决这些问题，国内有学者开始尝试性地从教育供给机制入手，诸如谈松华在《“短缺教育”条件下的教育资源供给与配置：公平与效率》一文中提出政府干预的重要作用，鲍劲翔在《财政教育支出效率与公共教育服务政府采购》一文中提出教育服务政府采购的途径，郭宏宝在《财政视角下公共服务均等化的功效系数评价——以教育均等化为例》一文中提出由“义务教育均等指数、高中教育均等指数及高等教育均等指数”组成的教育服务均等化评价指标体系。同期，朱萍的《关于教育的提供及其提供方式的探析》、于洪的《教育的提供方式及其扩张效应分析》、乔锦忠的《教育供给方式的新变化》、袁持平的《教育供给失度的原因及出路》、伏玉林的《教育提供机制的公共经济学分析》、周继红与吴仲斌的《论兼顾效率和公平的基础教育供给方式》，以及刘业进与田汉族的《中国教育服务供给变迁：一个新制度经济学的解释》等文章开始对教育供给机制与方式的价值取向、评价标准、制度约束等方面进行研究。

另外，针对义务教育市场化改革的主要观点有：

(1)强调教育可以作为商品的特性，通过按质取胜的规律引入竞争。①

(2)从政府与教育机构的关系角度考虑，认为教育市场化主要是针对政府对教育投资不足的状况，动员非政府或非官方渠道来为受教育者创造、提供更多的学习和升学机会。

(3)义务教育供给遵循3D(Decentralization, Depoliticization, Diversification)和3C(Commercialization, Competition, Cooperation)的思路进行改革，强调“权力下放、非政治化、多样化、商品化、竞争和合作”。②

(4)强调义务教育领域的市场只是一种“准市场”，即市场对义务教育领域的介入是有条件和限度的。

---

① Yin White, “The Marketisation of Chinese High Education: A Critical Assessment,” *Comparative Education*, XXX(March 1994), PP. 217 – 238.

② 尹佳、李越：《我国基础教育与市场的制度学分析》，载《教育发展研究》，2004(5)，49页。

从上述文献梳理可知，与西方国家相比，我国区域教育供给机制与方式的研究起步较晚，体系不完善。主要贡献在于：

(1)在教育领域介绍并引入西方公共物品私人供给的制度设计，如商业化、市场化和分权化模式；从公共财政学的角度出发，结合财政支出、政府层级和产权结构等客观条件，尝试界定政府与市场以及政府间的教育事权关系；研究高中段教育的市场化运营机制和改革。

(2)从政府责任和公共伦理的角度，研究政府教育服务权能的范围、地位和机制基础；从体制改革和制度建设的角度，研究教育供给不足引发的社会问题和政府的改革逻辑。

(3)"区域教育均等化"构建的本质、过程和模式；地方政府供给教育的方式；跨行政区和农村地区教育协调发展等。区域教育供给过程中的管理社会化和教育市场化的意义、内容和路径。

(三)实证研究成果

区域教育供给的实证研究主要缘起于学者们对教育与经济关系的关注。英国经济学家刘易斯在其《经济增长理论》一书中，直接把"教育所引起的知识的增长"归结为经济增长的三个原因之一。20 世纪后期，以舒尔茨(Schultz)、丹尼森(Denison)和曼坤(Mankiw)为代表的人力资本理论家分别采用教育投资收益率方法、教育量简化系数法和索洛模型扩展探索教育对经济的影响，结果得出一国人力资本存量的提高能有效地促进经济的增长[①]。鉴于教育在提高人力资本中的重要作用，大量关于人力资本对经济增长影响的实证研究主要就是探讨教育对经济增长的影响。

此后，Cochrane，Leslie，O' Hara(1980)[②]论证了教育可以提高个人的劳动生产率；巴罗(Barro，1991)以实际人均 GDP 增长率作为被解释变量，以年度教育注册率为解释变量，回归估计的结果表明，初等(中等)教育注册率每提高 1%，

① 杨晓华、卢永艳：《教育对经济增长影响的实证分析——以吉林省为例》，载《教育与经济》，2005(2)，45～47 页。

② Cochrane et al.，*the Effect of Education on Health World Bank Staff Working Paper*，1980，No. 405.

下年度人均 GDP 增长率提高 2.5%(3.0%)[①];盖莫(Gemmel,1996)的研究还发现,初等教育与中等教育分别与最穷和中等发展水平的发展中国家经济增长关系更为密切,而高等教育对经合组织国家的经济增长更为重要[②]。Benabou(1996)采用人力资本模型研究认为,如果人力资本之间的互补性在国内比国际上更强,至少在短期内教育差距较高的国家会有较高的经济增长[③]。此外,寇恩和安帝斯(Cohn&Addison)发现,上百个分析发达国家正规教育的收益率的研究都报告了正相关的结果。[④] 布拉格(Blaug)和布朗(Brown)等人通过研究,进一步证实"提高人口的教育程度将拉大人口收入分布的差距"结论。[⑤]

国内学者研究中,韩宗礼(1990)[⑥]以劳动生产率为简化系数计算 1964—1982 年教育对国民生产总值增长的贡献为 35.21%,1964—1987 年为 34.06%,1982—1987 年为 10.26%。李实、丁赛(2003)[⑦]、陆慧(2004)[⑧]、赵力涛(2006)[⑨]等依据教育收益率的大小对我国城镇和农村的经济增长的分析中,发现城镇的教育收益率都有了较大幅度的提高,并且城镇的教育收益率高于农村。岳昌君(2004)[⑩]针对三类地区的比较研究得出,京津沪的地区收益率最大,比西部地区的收入高 28.3%;其次是东部地区,地区收益率比西部地区高出 16.44%;地

---

① Barro, R. J, "Economic Growth in a Cross Section of Countries," *Quarterly Journal of Economics*, 1991, PP. 407 - 444.

② Gemmel, N. "Evaluating the Impacts of Human Capital Stocks and Accumulation on Economics Growth: Some New Evidence," *Oxford Bulletin of Economics and Statistics*, 1996, PP. 9 - 28.

③ Benabou, R., 1996, "Inequality and Growth," *NBER Macroeconomics Annual*, 1996, PP. 11 - 76.

④ E. Cohn & J. Addison, " The Economic Returns to Lifelong Learning in OECD Countries," *Education Economics*, VI(March 1998), PP. 253 - 307.

⑤ M. Blaug, " Where are We Now in the Economics of Education," *Economics of Education*, IV (January 1985), PP. 17 - 28; P. Brown &H. Lauder, "*Education, Globalisation and Economic Development*," A. H. Halsey, et al., Education: Culture, Economy, and Society, New York, Oxford, 1997, PP. 172 - 192.

⑥ 韩宗礼:《我国教育投资的经济效益探评》,载《教育与经济》,1990(1),13~17 页。

⑦ 李实、丁赛:《中国城镇教育收益率的长期变动趋势》,载《中国社会科学》,2003(6),58~72 页。

⑧ 陆慧:《我国城乡教育收益率的变动趋势研究》,载《农业技术经济》,2004(1),57~59 页。

⑨ 赵力涛:《中国农村的教育收益率研究》,载《中国社会科学》,2006(3),98~109 页。

⑩ 岳昌君:《教育对个人收入差异的影响》,载《北大教育经济研究》,电子季刊,2004(3),1~19 页。

区收益率最低的地区是中部地区，比西部地区低 8.62%。郭丛斌、闵维方(2007)[①]通过研究城镇居民教育对代际收入的影响，揭示出教育对经济的间接影响、作用。焦秀才以劳动者的培养成本为劳动简化系数计算 1982—1987 年教育对国民生产总值增长的贡献率为 25.09% 等。[②] 与教育对经济影响的研究相比，研究者们主要通过教育投入的高低来研究经济水平对教育发展的影响。吴玉鸣、李建霞(2004)[③]通过相关分析、回归分析和因果分析得出，各省(市)区域教育竞争力与该地区的区域经济竞争力水平存在较强的关联性，区域经济竞争力直接影响教育竞争力。袁振国(2005)[④]从教育均衡视角出发，指出教育经费的地区差距比经济差距还要大，中央政府需要加大经费投入的结论。陈建宝、戴平生(2007)[⑤]在考察人均 GDP 与各地区教育研究中，得出国家需要加大经济不发达地区的教育投入的结论。

从上述文献可知，无论是国内还是国外研究者，对教育与经济之间的关系的研究，前提都是假设教育是一种经济增长工具。这种“教育工具论”在一定程度上反映了教育与经济之间的关系，肯定了教育在经济增长过程中的能动作用。但对于经济如何反哺教育，经济水平对教育发展的影响程度，还有待进一步深入研究。

(四)研究不足

采用“教育供需”和“教育供给”等主题词，通过中国全文期刊数据库对 1994—2009 年发表的文献进行搜索，高度相关的文献共有 139 篇，其中期刊文献 116 篇，硕士论文 9 篇，博士论文 14 篇。总体来说，国内对区域教育的研究已

---

① 郭丛斌、闵维方：《中国城镇居民教育与收入代际流动的关系研究》，载《教育研究》，2007(5)，3 ~ 13 页。

② 转引自王善迈：《教育投入与产出研究》，12 页，石家庄，河北教育出版社，1996。

③ 吴玉鸣、李建霞：《中国区域教育竞争力与区域经济竞争力的关联分析——兼复胡咏梅教授等》，载《教育与经济》，2004(1)，6 ~ 12 页。

④ 袁振国：《缩小教育差距 促进教育和谐发展》，载《教育研究》，2005(7)，3 ~ 11 页。

⑤ 陈建宝、戴平生：《我国各地区教育与 GDP 的空间特征实证分析》，载《教育与经济》，2007(3)，20 ~ 25 页。

进入一个新阶段,开始研究系统的理论框架,但是对区域教育供给机制和方式的研究缺乏翔实而具体的总结和论证。

(1)研究角度:更多是从经济学的途径来研究,是经济学研究路径在政府行为领域的延伸,其研究的出发点、假设前提和论证体系均印着深刻的经济学痕迹,公共管理和公共政策理论视角的研究较弱。

(2)研究范围:比较局限于对区域教育结构、功能和权限的静态描述,未能对不同约束条件下动态的可抉择机制与部门合作模式做深入分析。

(3)研究结果:往往没有合理地平衡理论价值和政策技术的关系,缺乏对经验事实的观察以及提供机制与方式的提炼,过于强调理论推演而缺少可行性考虑,理论成果的政策指导意义不强。

第三节 区域教育供给的新思维

办好人民满意的教育,建设人力资源强国,需要推进新的区域教育供给思维与方式。地方政府作为区域教育供给的关键主体,必须充分发挥教育市场监管、教育资源调节、公共教育服务、公共教育管理等四项核心职能。以基础教育为主体的区域教育供给,政府职责重点应落实在公共教育服务与公共教育管理两个方面。

何为公共教育服务?公共教育服务是根据公共利益的需要,使用公共权力或公共资源为社会成员提供的教育服务,是与公共教育制度和现代学校制度相伴相生的。公共教育服务可以分为两类,一类是基本公共教育服务,是保障国家发展和社会成员个体发展的基本教育服务,是一个国家经济发展和文明进步的重要标志。一般而言,基本公共教育服务具备以下属性和特征:第一,公共性。基本公共教育服务是政府公共服务职能的“底线”,由政府负最终责任,因而具有公共性的特征。第二,普惠性。基本公共教育服务是覆盖全体公民、满足公民对教育公共资源最低需求的普及性公共服务,与全体人民群众最关心、最直接、最现实的切身利益密切相关。第三,基础性。基本公共教育服务是教育公共服务中最基础、最核心的部分,也是人的发展所必需的基础内容。第四,发展性。基本公共教育服务的范围和标准是动态的，随着经济发展水平和政府保障能力的提高，其范围应逐步扩大，标准应不断调整。

另一类是一般公共教育服务，是指除基本公共教育服务以外的公共教育服务。一般而言，基本公共教育服务与一般公共教育服务的边界不是一成不变的，而是随着经济社会发展不断进行调整的。完善的公共教育服务体系要求政府、市场和民间力量的良好平衡，公共服务的供给多元化、社会组织和市场参与公共服务供给是重要的改革措施。与此相对应，如果教育过程中是完全市场化的、没有公共权力或公共资源参与的教育服务，就是非公共教育服务，如完全市场化的非学历继续教育与培训等。

进入21世纪以来，公共教育服务作为公共服务型政府建设中的重要内涵，越来越引起世界各国政府的重视，成为衡量一国文明发展水平的重要指标。我国是世界上最大的发展中国家，总人口约占世界人口的21%，受教育人口约占世界的26%，从这个意义上讲，公共教育服务可谓任重道远，当务之急，是要加快构建完善的基本公共教育服务体系。

与公共教育服务建设同步，公共教育管理必须转型，要从管理走向治理。20世纪以来，世界范围内的非政府组织逐渐发展壮大，许多公共事务逐渐由社会承担。在政府公共管理中，对市场需要监管，对社会则要引导，政府、市场和社会三方面的力量都要发挥，其中必然包括政府组织和非政府组织管理上的合力，才能使社会健康发展。现代政府的公共管理，就是充分协调、明确社会自治和政府职责的边界。要做到公共教育管理，当务之急就是积极培育专业教育中介机构，建立健全家校合作协商机制。具体包括①：

第一，让专业性社会机构提供专业性事务。政府职责是不可推卸的，但是履行职责的方式可以是多元化的：可以直接提供，也可以间接提供，运用公共支出向社会专业机构购买专业性的服务，就是一种间接提供。专业性的事务由专业机构来承担，其越来越明显的优势不仅体现在教育服务的质量上，也体现在教育服务的效益上。委托给专业机构比政府自己去做要专业得多，但并不是说

① 尹后庆：《从教育管理走向教育治理——政府转变管理职责方式的思考》，载《上海教育科研》，2008(1)，5页。

教育专家就能成为行政管理人员。政府层面的教育管理者专业是教育公共服务,是在政府提供的公共服务背景下履行好教育服务职责。学校管理不是教育行政人员的专业,熟悉学校管理的人员未必是个很好的教育行政人员,两者各有管理不同的侧重点。

第二,让家长参与学校教育。诸如山东省着力推动中小学成立中小学家长委员会,制定出台了《山东省普通中小学家长委员会设置与管理办法》。各级教育行政部门成立中小学家长委员会工作领导小组和指导小组,统筹管理本地区中小学家长委员会工作。

一、义务教育的产品特性

美国著名的经济学家保罗·萨缪尔森在《经济学与统计学评论》(*Review of Economics and Statistics*)发表的题为《公共支出的纯理论》(*The Pure Theory of Public Expenditure*)的论文中对公共产品是这么定义的:纯粹的公共产品是指这样的产品,即每个个人消费这种产品不会导致他人对该产品消费的减少。私人产品具有效用的可分割性、消费的竞争性和受益的排他性三大特征。萨缪尔森将公共产品的特性归纳为:

(1)效用的不可分割性。即公共产品是向整个社会共同提供的,具有共同受益或联合消费的特点。其效用为整个社会的成员所共享,而不能将其分割为若干部分,分别归属于某些个人或厂商享用,或者说,不能按照谁付款、谁受益的原则,限定为之付款的个人或厂商享用。如国防提供的国家安全保障对一国国内的所有人提供,不可能将其分割。

(2)消费的非竞争性。即某一个人或厂商对公共产品的享用,不排斥、妨碍其他人或厂商同时享用,也不会因此而减少其他人或厂商享用该种公共产品的数量和质量。

(3)受益的非排他性。即在技术上没有办法或很难将拒绝为之付款的个人或厂商排除在公共产品的受益范围之外。[①]

---

① 赵宇、李冰:《新编西方财政学》,42~45页,北京,经济科学出版社,2002。

从我国《宪法》以及《义务教育法》的相关规定看，我国的义务教育具有纯公共产品的性质。依据上述公共产品的内涵分析①：

第一，我国义务教育在消费的非竞争性方面的特征。从消费者主体数量上看，我国义务教育对消费主体的数量有一定的限制，或者说，我国义务教育存在着"容量"的问题。在它的容量之内，对义务教育的消费具有非竞争性，增加一个消费者（学生）不会影响现有消费主体（学生）的消费效用，也不会增加义务教育的边际成本。但一旦学生的数量超过了容量限制，如学校班级的学生数超过规定班额之后，则学生对义务教育这种产品的消费就会出现拥挤状态，每个学生获得的效用就开始减少。换句话说，义务教育产品的消费就开始产生竞争性。这是义务教育与纯公共产品的一个明显区别，或者说，是义务教育产品的第一个本质特征，即拥挤性。从消费者对公共产品获得效用的数量上看，在一定时期内每个消费者（学生及其家长）对义务教育的消费数量和获得的效用数量各不相同，就产生了义务教育消费数量上的非均等性，即在一定时期内消费者对义务教育使用数量上的差异。应该说，消费数量上的不同是私人产品的特征，但是由于它与准公共产品公共消费性同时并存，因此也成为我国义务教育的一个本质特征。

第二，我国义务教育在排他性方面的特征。纯公共产品是完全不排他的，但义务教育由于具有拥挤性特征，因此便具有局部排他性。首先，义务教育不能完全排他，否则它的消费主体数量就不会大于1，或者说就不具有共同消费性而变成私人产品。其次，义务教育又不能完全不排他，面对现阶段教育资源的相对短缺，那样就会造成拥挤和消费上的竞争性。因此，义务教育具有局部排他性特征。义务教育的局部排他性也有多种表现形式，它可能表现为不接纳某些社会成员作为"俱乐部会员"（如就近入学），也可能表现为采用高价格使某些人退出消费行列或不能进入消费行列（如选择优质学校）等形式。

因此，义务教育由于在消费上具有拥挤性、非均等性和局部排他性，属于典型的准公共产品。很显然，区域教育供给的是准公共产品——义务教育。因

---

① 曲正伟：《多中心治理与我国义务教育中的政府责任》，载《教育理论与实践》，2003(17)，25～26页。

而,我国的义务教育的提供和生产具有地方性。

二、教育产品的供给方式

按照西方经济学理论,社会资源主要通过两种方式分配即市场机制和公共部门预算。市场机制在现实中由于信息的不对称性,导致配置资源失效;政府机制则由于缺乏竞争导致低效率。因此,市场机制与政府机制应该结合起来,尽可能发挥各自的优点并用于相应的教育公共服务领域。此时,我们需要剖析影响教育供给的关键因素。

表 1.2 产品分类及其供给方式

纯私人产品	混合产品
1. 排他成本较低 2. 由私人公司生产 3. 通过市场分配 4. 通过销售收入融资 例子:食物、鞋子	1. 产品利益由集体消费但受拥挤约束 2. 由私人公司或直接由公共部门生产 3. 由市场分配或直接由公共预算分配 4. 通过销售收入融资,如对该服务使用权的收费或通过税收筹资 例子:公共公园、公共财产资源、公共游泳池
混合产品(俱乐部理论)	**纯公共产品**
1. 含外在性的私人产品 2. 私人企业生产 3. 通过含补贴或矫正性税收的市场分配 4. 通过销售收入筹资 例子:学校、交通系统、保健服务、接种、私人游泳池、高尔夫球俱乐部	1. 很高的排他成本 2. 直接由政府生产或与政府签约的私人企业生产 3. 通过公共预算分配 4. 通过强制性税收收入筹资 例子:国防

注:英国 C. V. Brown 和 P. M. Jackson 在其 *Public Section Economics* 一书中曾对产品的分类及其供给方式进行解释。转引自乔锦忠:《教育供给方式的新变化》,载《人民教育》,2003(12),10 页

影响教育供给的主要因素包括:(1)师资供给,主要指质和量方面,师资供给教育状况直接影响着教育的供给;(2)资源配置,主要指一定数量的资源投

入，是教育供给和发展的物质基础，只有为教育供给充足的资金才有可能为学生提供足够的学校、教师和设备，才能让教师不断得到培训，以更新知识，满足培养人才的要求；(3)劳动力需求结构，是指某一区域根据教育的社会需求和个人需求，同时考虑国家整体负担能力制定的。劳动力需求结构会影响社会和个人的教育需求，需求又决定对它的供给，从而劳动力需求结构也会对教育供给产生影响；(4)教育的单位成本，是指培养一个某级某类学生所花费的全部开支；(5)社会对教育的认识和态度，主要指教育投资是一项战略性投资，其作用大于物质投资，地方政府是否认识到这一点，将决定投资选择中的偏好，从而极大地影响教育供给。

根据影响教育供给的因素分析，教育供给的形成则是由教育机会的现实构成。从国民生产总值中分拨出来的教育投资，是形成教育供给的保证，现有的教育机构是形成教育供给的基地。在具备这些条件后，如何形成有效的教育供给呢？地方政府的教育规划者、教育决策者就必须明确三个核心问题。

(1)谁是供给者

在现代社会，教育是一项国家事业，各级政府是教育的主要供给者。在我国，基础教育的需求和供给的平衡点在地方政府。地方政府主要是县级政府根据教育的社会需求，计算出经费需求量，然后根据现有财力制定综合平衡的方案，保证基础教育的供给。但是政府所能提供的只是一般性的教育，对一些特殊要求无法满足或满足起来成本太大，这就要求一些补充性的供给者来弥补政府教育供给上的不足，一般有企业、团体(社会组织或宗教组织)和私人机构。

企业法人自办学校，向职工提供不断的在职培训机会，是保证企业产品质量，提高更新速度的重要措施。这样，企业用一部分利润提供并扩大了教育机会。团体组织个人和企业捐资、集资办学，也起到了非教育资金投入教育中的作用，扩大了教育供给，同时它还能够满足某些特殊要求。

以政府为教育的主要提供者，在确定教育供给的方向后，制定制度引导并规范企业、团体、个人的办学行为，扩大教育供给，增加教育供给类型。这样的体制不仅可以扩大教育供给，最大化满足社会需要，而且有利于营造相互竞争的教育环境，进而提高教育机构的效率和教育质量。

(2)教育供给的结构

教育供给包括人力资源供给——合格教师和物质资源供给——教育设施。在不同的时期,两者的比例结构有所不同。以普及义务教育为例,在普及初期,教育设施的扩展是第一位的,首先要提供足够的教室、设施,让学生能够进得来。随着义务教育的推进,教育供给结构应顺时调整,转向教师培养和教育行政管理能力等软件建设上来,这是提高教育质量,保证普及成果的关键。

(3)教育供给的先后顺序

在教育资源确定以后,教育供给的先后顺序直接影响教育供给的效益。一般来说,先后顺序可以概括为:首先,教育供给要满足基础教育的需求,这是政府维持社会公正的不可推卸的责任;其次,教育供给满足现有教育机构的需求,即保证原有教育供给不会减少,在此基础上,如果财力允许,加强短线教育的投资供给,扩大教育供给量,以更好地满足教育的社会和个人需求;最后,假设经济结构合理,教育供给应有助于调整教育结构以与社会经济结构相适应。

三、教育供给与教育承载力

承载力(Bearing capacity)原为力学中的一个指标,是指物体在不产生任何破坏时的最大(极限)荷载,通常具有力的量纲,并且可以通过力学实验或经验公式得到其具体量值。承载能力(Carrying capacity)是由承载力一词引申而来,最初被用在生态学中用以衡量某一特定区域维持某一物种最大个数的潜力(Ddum,1971),后来在研究区域系统时,则被广泛用于表征区域资源、环境或生态系统能承受当地社会经济发展和人类活动能力的限度,成为用以描述限制发展的一个最常用的概念。由此可见,"承载力"和"承载能力"是两个不同的概念,承载力侧重于对具体实物的支撑和荷载,而承载能力则偏重于对人类社会、生态系统等抽象系统的支持和包容。

在区域社会经济发展的一定阶段,教育状况受到经济发展水平的制约。根据社会需求、人口变动、学校师资、学生数量等因素,经济能承受的教育供给水平是有限度的。换句话说,一个区域经济系统,其所能支持的教育发展水平,即维持它的生产力、适应能力和再生产能力。这就是所谓的区域教育提供和生产过程中的教育承载能力。

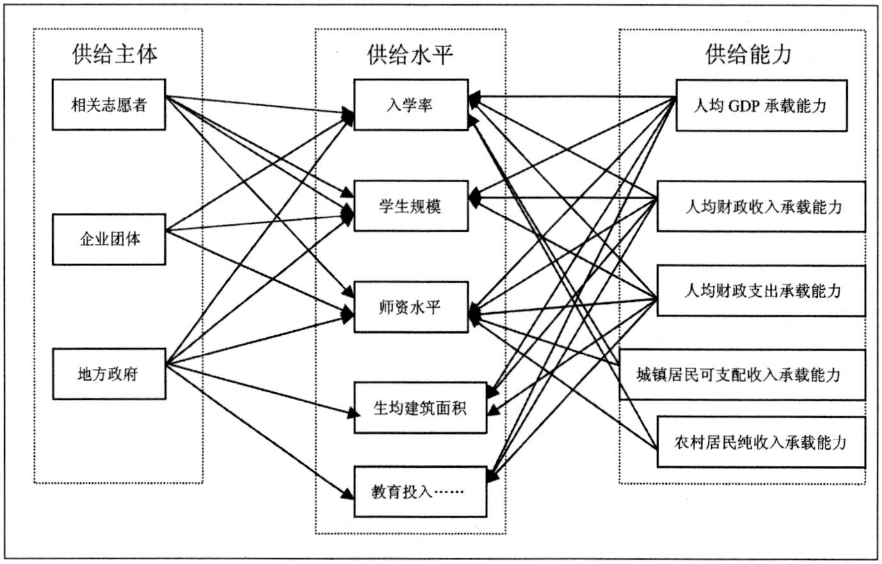

图 1.3　区域教育供给主体和供给能力之间的关系

深层次剖析区域教育承载能力的内涵，不难发现，区域教育承载能力应包括主体和客体两部分，它们之间是承载与被承载的关系。区域教育承载能力的主体是指承受教育发展荷载的个人、企业和政府等系统；区域教育承载能力的客体则是指施加负荷的区域教育系统以及与之相关的各种人工和自然生态系统，如学校师资、在校学生、学校建筑、教育行政机关系统等。主体与客体的组合，就产生了不同研究方向的教育承载能力问题。

如图 1.3 所示，各种承载能力都是区域教育承载能力的一个组成部分，本研究主要从区域经济水平支撑教育供给水平的视角出发，其中人均 GDP 承载能力则是区域教育承载能力研究体系的根本所在。另外，上述各种区域教育承载能力之间不是完全独立的，而是相互联系的。区域教育供给水平与供给主体和区域供给能力之间关系的揭示，有助于对下一章的教育供给水平差异的实证分析的理解，有助于进一步说明经济发展程度对教育供给水平所施加的影响。

第二章　我国区域教育供给的水平差异

教育供给研究的视角不仅关注学校提供的教育机会的规模大小，也重视学校提供的教育“产品”的质量高低。对于这个问题的研究，国外曾有多种理论，其中具有代表性的教育供给理论有三种：(1)按国家人力需求组织教育供给的理论；(2)按教育投资收益率组织教育供给的理论；(3)按个人教育需求组织教育供给的理论。[①] 上述理论在一定程度上对教育供给研究提供了理论借鉴，并在有限条件下指导教育供给的方式与方法的选择。

就义务教育供给而言，其鲜明的特征有：(1)教育价格不是市场上教育生产者(供给者)和消费者之间的竞争关系决定的，而是由国家定价。(2)教育生产要素的投入和流动，很大程度上采取计划分配形式，起调节作用的不是供求价格，而是政府意愿。(3)教育消费由教育供给引导，义务教育的学科设置，教育内容、形式及供给数量都是由政府计划规定的，教育消费者很大程度上是被动地接受教育系统的分配。(4)教育供给价格不能全面地反映教育成本，实施免费义务教育成为一种世界趋势。[②] 同时，由于我国县级教育供给以义务教育供给为主，因而，本章节将县级义务教育供给水平作为首要考察对象，从供给规模和供给质量两个角度分析我国区域教育供给水平。

① 吴宏超、范先佐：《我国教育供求研究的回顾与反思》，载《教育与经济》，2006(3)，24～26页。

② 吴宏超、范先佐：《我国教育供求研究的回顾与反思》，载《教育与经济》，2006(3)，24～26页。

第一节 区域教育供给水平差异实证分析的方法论

自1986年《义务教育法》颁布实施后，我国学者对义务教育供给的关注日渐增多，直接以“教育提供”“教育供给”“教育供求”等关键词出现，研究方法主要采用描述性分析。描述性分析仅能给出量变的曲线，对于揭示不同区域间供给规模和供给质量的差异还远远不够，还应结合标准差、极差、极差率、变异系数等方法，更有助于绝对差距以及相对差距的分析。在政治、经济、文化、教育等现实条件存在较大差异的时候，从总量上难以对不同区域教育供给水平进行比较，因而本章采用“人均等量”的方法进行分析。

一、区域教育供给水平的指标选择

教育供给水平主要包括供给规模（数量）与供给质量。教育供给规模体现的是教育机会的变化，是教育公平实现的较低层次。教育供给规模主要包括：小学入学率、每万人口中小学在校学生数、小学生均建筑面积、初中入学率、初中每万人口中的在校学生数、初中生均建筑面积等指标。教育供给质量反映了教育提供机构的质量水平以及受教育者素质提升诸多方面，难以简单直接地进行量化。一般采用教育投入和师资水平等指标进行间接测量，因为教育投入和师资水平直接影响学生在受教育过程中享受的教育资源的多少和教育质量的高低。教育投入包括人均国家财政性教育经费、人均预算内教育经费支出、生均教育经费、生均公用经费、小学教师中大专及以上学历比、初中教师本科及以上学历比等指标。其中人均国家财政性教育经费和人均预算内教育经费支出反映了政府对教育的重视程度和执行力度，生均教育经费反映了教育投入的相对总量，生均公用经费反映了实际投入教育教学过程中的资源配置情况，教师学历比一定程度上反映了教师群体整体素质的高低。

此外，针对影响区域教育供给水平因素的分析，还专门以区域经济为对象进行调研，从而通过相关系数和回归系数来揭示区域经济水平对教育供给水平的影响作用和贡献大小(经济水平指标包括人均 GDP、人均财政收入、人均财政支出、城镇居民人均收入、农民人均纯收入、城乡差异等六项指标)。

二、区域教育供给水平差异的分析指标

现有区域发展差异的分析方法基本上都是从发展经济学关于收入分配的差异分析方法中移植过来的。比较普遍使用的指标有标准差、极差、洛伦兹曲线、基尼系数、变异系数、加权变异系数、离均差系数和加权离均差系数等。这些指标分别测量的是区域教育供给水平的绝对差异和相对差异。“绝对差异是指某些变量值偏离参照值的绝对额,而相对差异则是指某些变量偏离参照值的相对额。”①

1. 标准差(S)

标准差用于测量地区间教育供给水平的绝对差异。其计算公式如下:

$$S=\sqrt{\frac{\sum_j(Y_j-\bar{Y})^2}{N}}(j=1,2,\cdots,N)$$

式中,S 为标准差,Y_j为一地区某项教育供给水平指标,$\bar{Y}$ 为各地区某项教育供给水平指标的平均值,N 为县(市、区)个数。

2. 极差(R)

极差用于测量教育供给水平最高地区的某一项教育供给水平指标与教育供给水平最低地区该项教育供给水平指标的绝对差异,反映的是绝对差异的极端情况。

$$R=Y_{max}-Y_{min}$$

式中,R 为极差,Y_{max}为教育供给水平最高地区某一项教育供给水平指标,Y_{min}为教育供给水平最低地区的该项教育供给水平指标。

3. 极差率(I)

主要用于反映相对差异,与极差相结合,可以全面地反映地区间教育供给水平差异的极端情况。其公式如下:

---

① 魏后凯,等著:《中国地区发展——经济增长、制度变迁与地区差异》,2 页,北京,经济管理出版社,1997。

$$I = Y_{max}/Y_{min}$$

式中,I 为极差率,Y_{max}为教育供给水平最高地区某一项教育供给水平指标,Y_{min}为教育供给水平最低地区的该项教育供给水平指标。

4. 变异系数(V)

变异系数用于测量地区间教育供给水平的相对差异。其计算公式如下:

$$V = \frac{\sqrt{\frac{\sum_j (Y_j - \bar{Y})^2}{N}}}{\bar{Y}} (j = 1, 2, \cdots\cdots, N)$$

式中,V 为变异系数,Y_j为一地区某项教育供给水平指标,$\bar{Y}$ 为各地区某项教育供给水平指标的平均值,N 为县(市、区)个数。

三、区域教育供给水平差异分析的地域选择

区域教育供给水平的调研样本主要是依据政治、经济、文化等发展水平来进行选择的,遵循 1986 年由六届全国人大四次会议通过的“七五”计划中的东中西部的划定原则,其中东部地区包括北京、天津、河北、辽宁、上海、江苏、浙江、福建、山东、广东和海南等 11 个省(市);中部地区包括山西、内蒙古、吉林、黑龙江、安徽、江西、河南、湖北、湖南、广西等 10 个省(区);西部地区包括四川、贵州、云南、西藏、陕西、甘肃、青海、宁夏、新疆等 9 个省(区)。1997 年八届全国人大五次会议决定设立重庆直辖市,并划入西部地区后,西部地区所包括的省级行政区就由 9 个增加为 10 个省(区、市)。由于内蒙古和广西两个自治区人均国内生产总值的水平正好相当于上述西部 10 省(市、区)的平均状况,2000 年国家制定的在西部大开发中享受优惠政策的范围又增加了内蒙古和广西。因此,最新的东中西部地区的省份划定如下:

(1)东部地区包括的 11 个省级行政区没变,包括北京、天津、河北、辽宁、上海、江苏、浙江、福建、山东、广东和海南等 11 个省(市)。

(2)中部地区有 8 个省级行政区,分别是山西、吉林、黑龙江、安徽、江西、河南、湖北、湖南。

(3)西部地区包括的省级行政区共 12 个,分别是四川、重庆、贵州、云南、西

藏、陕西、甘肃、青海、宁夏、新疆、广西、内蒙古。

由于时间和数据等条件的限制,本研究采集的样本由三部分地区组成:东部包括上海、江苏、广东两省一市的18个县(市、区)级行政单位;中部地区包括安徽、江西两省的18个县(市、区)级行政单位;西部地区包括四川、云南两省的18个县(市、区)级行政单位。

三类地区的县级行政单位的选择依据是经济发展程度,即随机选择人均GDP与所在省市的人均GDP大体相当的县级行政单位。由于一个省市的极端贫困和绝对富裕的县(市、区)比例相对较小,不具有代表性,而且数量少,不可能进行随机选择。因而,样本从处于中间层的县区来进行选择,既具有代表性,又具有可能性。

第二节　三类地区教育供给水平差异的实证分析

一、东部地区教育供给水平差异的实证分析

(一)东部地区教育供给水平的整体状况

东部地区在我国教育发展历程中处于重要地位,一直处在全国教育供给水平的最高端。原因主要是东部地区的省(市)大多位于沿海地带,经济比较发达,交通比较方便,人口密度较大,信息交流便捷,整体的社会经济发展水平较高。教育也不例外,在强有力的外部支持和自身发展较好的情况下,东部地区各县(市、区)教育供给水平较高。

1. 从教育供给规模上看,反映义务教育普及程度的小学入学率和初中入学率,均值一直处于稳定并上升的趋势,这说明东部地区各县(市、区)义务教育普及程度相差无几。每万人口中小学在校学生数从2004年的737.43人上升到2008年的743.12人;每万人口中初中在校学生数从2004年的264.81人上升到2008年的354.57人,这说明东部地区教育供给规模在缓慢增长。同时,表2.1中的数据还揭示出小学与初中的学生规模都是在2007年达到峰值,2008

年开始下降。这意味着伴随着学生规模的下降,东部地区中小学的教育资源需要重新配置和调整。小学生均建筑面积从 7.27m² 上升到 7.39m²,五年间呈波浪式递增态势;初中生均建筑面积从 12.27m² 下降到 10.37m²,五年间呈下降趋势。

表 2.1 2004—2008 年东部地区县级区域供给教育的平均规模

单位:%/人/m²

	2004	2005	2006	2007	2008
小学入学率	99.99	100.00	100.0	100.00	100.00
初中入学率	99.17	99.74	99.68	99.84	99.90
每万人口中小学在校学生数	737.43	735.89	749	758.49	743.12
每万人口中初中在校学生数	264.81	267.79	345	359.44	354.57
小学生均建筑面积	7.27	7.52	9.77	7.14	7.39
初中生均建筑面积	12.27	11.55	10.46	10.39	10.37

2. 从教育供给质量的总体情况看,东部地区的教育投入和师资水平的各项指标的均值都呈上升趋势,这说明东部地区教育供给质量在不断提高。

(1)人均国家财政性教育经费从 2004 年的 389.46 元上升到 2008 年的 825.52 元,增长了 2.12 倍;人均预算内教育经费支出从 2004 年的 327.48 元上升到 2008 年的 710.80 元,增长了 2.17 倍。这两项指标的持续增长意味着东部地区各县(市、区)教育投入的供给能力提高。

(2)小学生均教育经费从 2004 年的 3 247.87 元上升到 2008 年的 5 313.06 元,增长了 1.64 倍;初中生均教育经费从 2004 年的 5 039.45 元上升到7 778.30 元,增长了 1.54 倍。生均教育经费的增长趋势显示出东部地区教育投入的相对总量不断增长,义务教育供给获得可持续发展保障。

(3)小学生均公用经费从 2004 年的 1 193.62 元增长到 2008 年的 1 450.11 元,增长了 1.22 倍;初中生均公用经费从 2004 年的 1 820.27 元增长到 2008 年的 2 298.58 元,增长了 1.26 倍。生均公用经费的增长意味着学校教育教学所需的各种费用的实际增长,为学生提供学习服务的能力相应地获得提高。

(4)小学教师中专科及以上学历比从 2004 年的 66.94% 提高到 94.49%,初中教师中本科及以上学历比从 2004 年的 67.54% 提高到 84.05%,这说明东部地区的师资水平较高，学生受教育过程中接受的教学服务质量更高。

表 2.2　2004—2008 年东部地区县级区域供给教育的质量综合情况

单位：元/%

	2004	2005	2006	2007	2008
人均国家财政性教育经费	389.46	437.65	531.28	675.41	825.52
人均预算内教育经费支出	327.48	379.36	466.06	606.97	710.80
小学生均教育经费	3 247.87	3 665.32	4 128.99	4 754.03	5 313.06
初中生均教育经费	5 039.45	5 289.25	5 689.22	6 447.40	7 778.30
小学生均公用经费	1 193.62	1 403.99	1 333.51	1 379.97	1 450.11
初中生均公用经费	1 820.27	2 141.53	2 201.61	2 134.93	2 298.58
小学教师中专科及以上学历比	66.94	71.21	87.96	90.35	94.49
初中教师中本科及以上学历比	67.54	72.16	76.66	80.44	84.05

（二）东部地区教育供给水平的绝对差距

2004—2008 年，东部地区教育供给水平在高速增长的同时，其区域间的差距也是非常明显的。其中重要原因之一就是东部快速的经济增长所引起的“教育富集”效应，即经济持续增长的区域人才快速流动以及人力资本几何级增长，不断产生高质量的教育需求，并使本区域教育具有一种凝聚力，吸引周边优质教育资源向该区域流动。

1. 教育供给规模的绝对差距

（1）2004—2008 年期间，小学入学率绝对差距和极端差距都非常小，几乎没有什么变化。初中入学率的标准差呈下降趋势，极差也呈下降趋势。这说明东部地区各县（市、区）之间的教育供给机会均衡程度很高。

（2）从在校学生数看，每万人口中小学在校学生数的标准差从 2004 年的 78.73 人增长到 162.16 人，绝对差距扩大了 2.06 倍；极端差距从 2004 年的 243.02 人增长到 576.74 人，极端差距扩大了 2.37 倍。每万人口中初中在校学生的标准差从 2004 年的 107.16 人下降到 52.03 人，下降了 51.45%；极端差距从 294.13 人下降到 174.10 人，下降了 40.81%。

（3）从生均建筑面积看，小学生均建筑面积的标准差从 2004 年 2.11m^2 扩大到2008年的2.59m²，极端差距从7.20m²扩大到7.29m²。初中生均建筑面积的标准差从2004年的2.86m²扩大到4.12m²，极端差距从2004年的9.86m²下降到9.57m²。生均建筑面积的绝对差距与极端差距在同步扩大化，进一步加剧了东部地区内各县(市、区)之间的教育供给差异。

表2.3　2004—2008年东部地区教育供给规模差异的综合情况

单位：%/人/m²

		A1	A2	A3	A4	A5	A6
2004	标准差	0.006	1.30	78.73	107.16	2.11	2.86
	极　差	0.02	3.95	243.02	294.13	7.20	9.86
	极差率	1.00	1.04	1.41	3.29	2.89	2.23
	变异系数	0.0001	0.01	0.11	0.40	0.29	0.23
2005	标准差	0.00	0.57	88.13	106.18	1.96	2.09
	极　差	0.00	1.62	300.84	276.06	6.42	5.89
	极差率	1.00	1.02	1.55	3.08	2.61	1.65
	变异系数	0.00	0.01	0.12	0.40	0.26	0.18
2006	标准差	0.00	0.68	89.79	59.51	1.83	5.16
	极　差	0.00	1.64	293.65	181.16	5.46	16.16
	极差率	1.00	1.02	1.47	1.76	1.78	5.21
	变异系数	0.00	0.01	0.12	0.17	0.19	0.49
2007	标准差	0.003	0.36	92.38	58.31	2.65	4.12
	极　差	0.01	1.02	269.19	181.74	7.39	10.35
	极差率	1.00	1.01	1.40	1.69	3.05	2.83
	变异系数	0.00	0.00	0.12	0.16	0.37	0.40
2008	标准差	0.00	0.32	162.16	52.03	2.59	4.12
	极　差	0.00	1.01	576.74	174.10	7.29	9.57
	极差率	1.00	1.01	2.48	1.68	2.96	2.76
	变异系数	0.00	0.003	0.22	0.15	0.35	0.40

指标说明：A1 = 小学入学率；A2 = 初中入学率；A3 = 每万人口中小学在校学生数；A4 = 每万人口中初中在校学生数；A5 = 小学生均建筑面积；A6 = 初中生均建筑面积

2. 教育供给质量的绝对差距

(1)从地方政府对教育投入的重视程度看,人均国家财政性教育经费的标准差从2004年的219.97元增长到2008年的357.13元,扩大了1.62倍;极差从670.19元增长到1 086.20元,扩大了1.62倍。人均预算内教育经费支出的标准差从2004年的195.40元增长到2008年的355.26元,扩大了1.82倍;极差从2004年的528.93元增长到1 053.20元,扩大了1.99倍。这两项指标的绝对差距和极端差距都呈正增长趋势,说明东部地区内部各县(市、区)之间的教育财政投入量拉大,教育不均衡凸显。

(2)从地方政府的教育投入相对总量的角度分析,小学生均教育经费的标准差从2004年的727.20元增长到1 589.56元,扩大了2.19倍;极差从2004年的2 243.61元增长到4 956.21元,扩大了2.21倍。初中生均教育经费的标准差从2004年的1 466.57元增长到2 077.65元,扩大了1.42倍;极差从2004年的4 570.59元增长到2008年的6 475.58元,扩大了1.42倍。

(3)生均公用经费的统计显示,小学生均公用经费的标准差从2004年的338.19元增长到2008年的383.90元,极差从2004年的985.57元增长到2008年的1 113.23元。初中生均公用经费的标准差从2004年的856.69元下降到2008年的754.44元,极差从2004年的2 880.68元下降到2008年的2 634.48元。这说明在东部地区各县(市、区)之间的教育经费实际使用方面,小学的差距在扩大,初中的差距在缩小。

(4)从师资水平看,小学教师中专科及以上学历比的标准差从2004年的14.41%下降到2008年的4.69%;极差从2004年的42.10%下降到2008年的13.93%。初中教师中本科及以上学历比的标准差从2004年的11.22%下降到2008年的4.13%;极差从2004年的42.71%下降到11.51%。近年来,东部地区各县(市、区)之间的师资水平差异缩小,教育软件不断得以优化。

表 2.4　2004—2008 东部地区教育供给质量的综合情况

单位:%/元

		A1	A2	A3	A4	A5	A6	A7	A8
2004	标准差	219.97	195.40	727.20	1 466.57	338.19	856.69	14.41	11.22
	极　差	670.19	528.93	2 243.61	4 570.59	985.57	2 880.68	42.10	42.71
	极差率	6.92	7.21	2.31	2.45	2.56	7.28	1.99	1.99
	变异系数	0.56	0.60	0.22	0.29	0.28	0.47	0.22	0.17
2005	标准差	224.41	211.63	714.68	1 538.76	333.51	1 016.47	16.70	8.13
	极　差	606.70	540.90	2 381.12	4 754.00	918.63	3 043.87	52.02	29.02
	极差率	4.57	5.53	1.99	2.60	2.06	7.63	2.46	1.53
	变异系数	0.51	0.56	0.19	0.29	0.24	0.47	0.23	0.11
2006	标准差	281.99	281.68	986.70	1 328.19	256.65	675.91	4.46	6.63
	极　差	882.00	863.40	2 915.19	3 807.35	735.07	2 237.48	13.33	22.83
	极差率	4.73	5.58	2.03	1.96	1.77	3.07	1.16	1.37
	变异系数	0.53	0.60	0.24	0.23	0.19	0.31	0.50	0.09
2007	标准差	304.98	306.38	1 512.27	1 708.93	322.67	766.39	4.38	5.07
	极　差	928.30	876.70	4 901.87	5 789.12	1 195.95	2 758.24	13.82	15.29
	极差率	3.94	4.38	2.65	2.36	2.36	3.53	1.17	1.21
	变异系数	0.45	0.50	0.32	0.27	0.23	0.36	0.05	0.06
2008	标准差	357.13	355.26	1 589.56	2 077.65	383.90	754.44	4.69	4.13
	极　差	1 086.20	1 053.20	4 956.21	6 475.58	1 113.23	2 634.48	13.93	11.51
	极差率	3.52	4.39	2.62	2.37	2.15	3.17	1.16	1.15
	变异系数	0.43	0.50	0.30	0.27	0.26	0.33	0.05	0.05

指标说明:A1 = 人均国家财政性拨款;A2 = 人均预算内教育费拨款;A3 = 小学生均教育经费;A4 = 初中生均教育经费;A5 = 小学生均公用经费;A6 = 初中生均公用经费;A7 = 小学教师中专科及以上学历比;A8 = 初中教师中本科及以上学历比

(三)东部地区教育供给水平的相对差距

如图 2.1 所示,东部地区教育供给规模的相对差异情况,小学入学率和初中入学率基本上没有什么差距；每万人口中初中在校学生数的变异系数自2004年下降到2006年，之后基本保持平稳；每万人口中小学在校学生数的变异系数在2007年之后开始上升；小学生均建筑面积的变异系数在2006年下降至最低点后，2007年达到五年来的峰值，2008年略微下降；初中生均建筑面积的变异系数在2006年达到五年来的最高峰值之后开始下降并保持稳定。

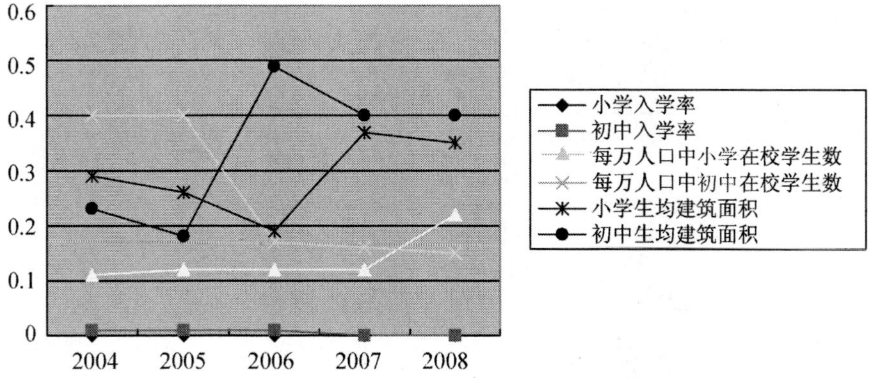

图2.1　东部地区各县（市、区）教育供给规模的变异系数

如图2.2所示，东部地区教育供给质量的相对差异情况表现在：(1)人均国家财政性教育经费与人均预算内教育经费支出的变异系数都呈下降趋势，说明东部地区各县（市、区）之间的人均政府教育投入总量不断缩小；(2)生均教育经费的变异系数呈缓慢增长的趋势，说明政府投入教育的相对量的相对差距在增大；(3)生均公用经费方面，小学生均公用经费的变异系数呈增长趋势，初中生均公用经费的变异系数呈下降趋势；(4)反映师资水平的中小学教师中高学历比的变异系数都呈下降趋势。

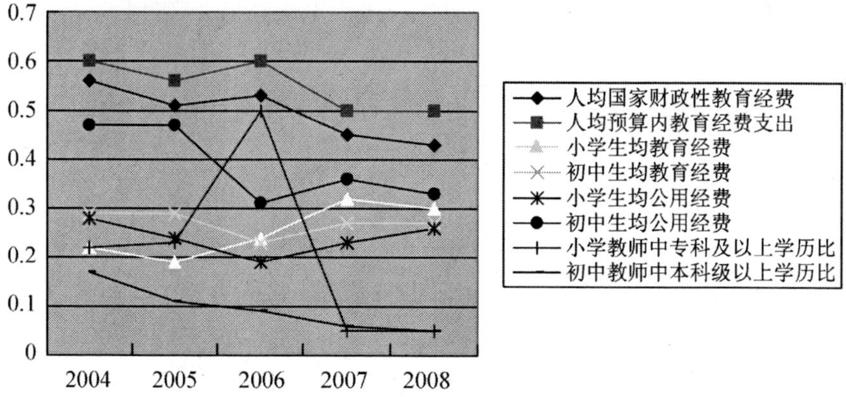

图 2.2　东部地区各县(市、区)教育供给质量的变异系数

二、中部地区教育供给水平差异的实证分析

(一)中部地区教育供给水平的整体状况

21 世纪以前,中部各区域教育从整体上处于较低的发展水平,儿童受教育机会处于严重的不均衡状态。随着中部崛起战略的实施,中部县级区域基础教育事业取得迅猛发展,儿童受教育机会大大增多。依据表 2.5 数据,不难发现,中部各县级区域的基础教育发展很快,基本呈现出逐年增长态势。其中,最能反映一个地区义务教育普及程度的指标就是初中入学率,2008 年这项数据已超过 100%,这说明不仅所在区域的学生能够升入初中,还有不少外出务工人员的子女回乡就读。而在校学生数作为反映一个区域发达程度的重要指标,基础教育各阶段的在校学生数呈现出不同的变化趋势。小学呈波浪式上升趋势,初中呈下降趋势,这说明中部地区义务教育供给结构在今后需要做重大调整。

表 2.5　2004—2008 年中部地区县级区域供给教育的平均规模

单位:%/人/m²

	2004	2005	2006	2007	2008
小学入学率	97.53	96.35	98.73	99.53	99.74
初中入学率	99.19	99.32	98.11	100.06	100.64
每万人口中小学在校学生数	922.62	888.96	957.77	1 030.00	998.06
每万人口中初中在校学生数	561.85	509.36	443.68	370.66	332.81
小学生均建筑面积	5.11	5.30	4.47	4.99	4.99
初中生均建筑面积	5.83	6.68	6.56	8.06	10.30

中部地区在教育供给规模不断扩张的情况下,教育供给质量也在不断提高。

五年期间,反映教育供给水平的八项指标全部呈递增趋势,2008 年与 2004 年相比,其中人均国家财政性教育经费增长了 2.79 倍,人均预算内教育经费支出增长了 2.96 倍,小学生均教育经费增长了 2.57 倍,初中生均教育经费增长了 3.4 倍,小学教师中专科及以上学历比增长了 2 倍,初中教师中本科及以上学历比增长了 1.99 倍。很显然,中部地区各县级区域对义务教育的重视程度越来越高,开始注重优化教育资源配置,义务教育供给水平得到进一步提高。

表 2.6　2004—2008 年中部地区县级区域供给教育的质量综合情况

单位:元/%

	2004	2005	2006	2007	2008
人均国家财政性教育经费	142.24	166.79	214.99	322.58	396.68
人均预算内教育经费支出	128.98	163.11	206.25	306.26	381.21
小学生均教育经费	761.00	951.12	1 147.00	1 652.47	1 956.31
初中生均教育经费	769.88	949.82	1 224.71	1 925.76	2 614.47
小学生均公用经费	33.82	66.65	155.00	284.59	384.41
初中生均公用经费	52.53	77.59	212.29	348.59	594.08
小学教师中专科及以上学历比	24.98	30.57	37.17	44.57	49.99
初中教师中本科及以上学历比	16.96	20.33	24.01	27.92	33.74

(二)中部地区教育供给水平的绝对差距

上述统计分析说明我国中部地区的义务教育供给水平获得提高,而区域之间的供给水平是缩小了还是增大了,还需要通过标准差和极差来揭示。2004—2008 年的情况为:

(1)小学入学率的标准差从 3.17% 下降到 0.63%,极差从 10.97% 下降到 2.49%,极差率从 1.12 下降到 1.03。

(2)初中入学率的标准差从 1.65% 上升到 2.63%,极差从 6.78% 上升到 9.01%,极差率从 1.07 上升到 1.09。

(3)每万人口中小学在校学生数的标准差从 211.82 人上升到 250.12 人,极差从 774.8 人上升到 857 人,极差率从 2.36 下降到 2.30。

(4)每万人口中初中在校学生数的标准差从 53.14 人上升到 63.7 人,极差从 203.9 人上升到 222.9 人,极差率从 1.46 上升到 2.01。

(5)小学生均建筑面积的标准差从 2004 年的 1.43m^2 经过 2007 年的高峰 1.68m^2 又恢复到 2004 年的水平,极差从 4.67m^2 上升到 5.75m^2,极差率从 2.41 上升到 2.74。

(6)初中生均建筑面积的标准差从 1.42m^2 上升到 3.29m^2,极差从 5.23m^2 上升到 12.44m^2,极差率从 2.20 上升到 3.01。

反映中部地区教育供给规模的 6 项指标显示:(1)小学入学率的绝对差距和极端差距逐渐缩小,反映了县(市、区)之间的义务教育普及程度缩小;(2)初中入学率、中小学在校学生规模、生均建筑面积等指标的绝对差距和极端差距基本呈增长趋势,意味着中部地区的教育供给规模的差距在拉大。

表 2.7　2004—2008 年中部地区各县(市、区)教育供给规模综合统计

单位:%/人/m^2

		A1	A2	A3	A4	A5	A6
2004	标准差	3.17	1.65	211.82	53.14	1.43	1.42
	极　差	10.97	6.78	774.80	203.9	4.67	5.23
	极差率	1.12	1.07	2.36	1.46	2.41	2.20
	变异系数	0.03	0.02	0.23	0.09	0.28	0.24
2005	标准差	6.53	1.77	224.36	97.45	1.47	1.74
	极　差	26.57	7.87	806.80	434.10	5.01	6.86
	极差率	1.36	1.08	2.54	3.48	2.48	2.50
	变异系数	0.07	0.02	0.25	0.19	0.28	0.26
2006	标准差	1.58	3.52	240.76	57.88	1.44	1.85
	极　差	4.43	12.76	869.60	209.20	6.42	6.24
	极差率	1.05	1.14	2.45	1.65	3.31	2.48
	变异系数	0.02	0.04	0.25	0.13	0.32	0.28
2007	标准差	1.04	2.70	264.59	61.91	1.68	2.24
	极　差	4.22	10.31	962.20	212.3	5.94	7.72
	极差率	1.04	1.11	2.48	1.86	2.95	2.46
	变异系数	0.01	0.03	0.26	0.17	0.34	0.28
2008	标准差	0.63	2.63	250.12	63.70	1.43	3.29
	极　差	2.49	9.01	857.00	222.90	5.75	12.44
	极差率	1.03	1.09	2.30	2.01	2.74	3.01
	变异系数	0.006	0.02	0.25	0.19	0.29	0.32

指标说明:A1 = 小学入学率;A2 = 初中入学率;A3 = 每万人口中小学在校学生数;A4 = 每万人口中初中在校学生数;A5 = 小学生均建筑面积;A6 = 初中生均建筑面积

从教育供给质量水平的教育投入和师资水平看,各项指标的绝对差距和极端差距都呈增长趋势。

(1)对于人均财政性教育经费指标,2004 年最高的区域与最低的区域之间

相差 70.99 元，标准差是 23.40 元，极差率为 1.63；2008 年最高区域与最低区域之间相差 268.14 元，标准差是 74.97 元，极差率为 1.88。对于人均预算内教育经费拨款指标而言，2004 年最高的区域与最低的区域相差 61.39 元，标准差是 18.67 元，极差率为 1.62；2008 年最高的区域与最低的区域相差 251.49 元，标准差是 68.95 元，极差率为 1.85。这说明中部地区区域之间的教育供给的能力差异存在加大趋势，教育投入的不均衡现象非常明显。

（2）对于小学生均教育经费指标，2004 年最高的区域与最低的区域相差 599 元，标准差是 160.13 元，极差率为 2.25；2008 年最高的区域与最低的区域相差 2 159.93 元，标准差是 542.54 元，极差率为 2.27。对于初中生均教育事业费指标，2004 年最高的区域与最低的区域相差 786 元，标准差是 222.43 元，极差率为 2.85；2008 年最高的区域与最低的区域相差 2 031.04 元，标准差是 538.94元，极差率为 2.26。

（3）对于小学生均公用经费指标，2004 年最高的区域与最低的区域相差 64 元，标准差是 14.76 元，极差率为 6.82；2008 年最高的区域与最低的区域相差 248.93 元，标准差是 64.91 元，极差率为 1.83。对于初中生均公用经费指标，2004 年最高的区域与最低的区域相差 108 元，标准差是 28.16 元，极差率为 5.15；2008 年最高的区域与最低的区域相差 459.93 元，标准差是 126.23 元，极差率为 2.15。

（4）对于小学教师中专科及以上学历比，2004 年最高的区域与最低的区域相差 15.66%，标准差为 4.46%，极差率为 1.9；2008 年最高的区域与最低的区域相差 31.83%，标准差为 8.41%，极差率为 1.89。初中教师中本科及以上学历比，2004 年最高的区域与最低的区域相差 18.62%，标准差为 5.71%，极差率为 3.82；2008 年最高的区域与最低的区域相差 32.15%，标准差 8.85%，极差率为 2.63。

表 2.8　2004—2008 年中部教育供给质量水平统计

单位:%/人/元

		A1	A2	A3	A4	A5	A6	A7	A8
2004	标准差	23.40	18.67	160.13	222.43	14.76	28.16	4.46	5.71
	极　差	70.99	61.39	599.00	786.00	64.00	108.00	15.66	18.62
	极差率	1.63	1.62	2.25	2.85	6.82	5.15	1.90	3.82
	变异系数	0.16	0.14	0.21	0.29	0.44	0.54	0.18	0.34
2005	标准差	25.78	22.65	241.25	261.12	24.57	14.33	6.38	6.59
	极　差	79.20	70.67	1 061.00	1 033.00	94.00	49.00	25.69	20.61
	极差率	1.58	1.54	3.11	2.57	3.14	1.80	2.30	2.73
	变异系数	0.15	0.14	0.25	0.27	0.37	0.18	0.21	0.32
2006	标准差	35.66	34.06	284.98	197.18	54.54	89.43	6.53	6.03
	极　差	135.17	127.96	1 216.00	860.00	199.00	299.00	23.20	22.72
	极差率	1.83	1.83	2.71	1.95	3.34	4.36	1.88	2.68
	变异系数	0.17	0.17	0.25	0.16	0.35	0.42	0.18	0.25
2007	标准差	59.44	53.82	492.59	290.42	71.42	102.60	7.60	6.87
	极　差	219.30	211.40	1 847.00	1 021.00	273.00	380.00	28.74	24.95
	极差率	1.90	1.99	2.72	1.69	3.20	2.91	1.88	2.39
	变异系数	0.18	0.18	0.30	0.15	0.25	0.29	0.17	0.25
2008	标准差	74.97	68.95	542.54	538.94	64.91	126.23	8.41	8.85
	极　差	268.14	251.49	2 159.93	2 031.04	248.93	459.93	31.83	32.15
	极差率	1.88	1.85	2.27	2.26	1.83	2.15	1.89	2.63
	变异系数	0.19	0.18	0.28	0.21	0.17	0.21	0.17	0.26

指标说明:A1 = 人均国家财政性拨款;A2 = 人均预算内教育经费拨款;A3 = 小学生均教育经费;A4 = 初中生均教育经费;A5 = 小学生均公用经费;A6 = 初中生均公用经费;A7 = 小学教师中专科及以上学历比;A8 = 初中教师中本科及以上学历比

(三)中部地区教育供给水平相对差异的变化形式

中部地区各县(市、区)教育供给水平的相对差异主要是通过各项指标的极差率和变异系数来反映的。根据2004—2008 年的中部地区 18 个县级区域的各项指标的变异系数,计算结果如下:

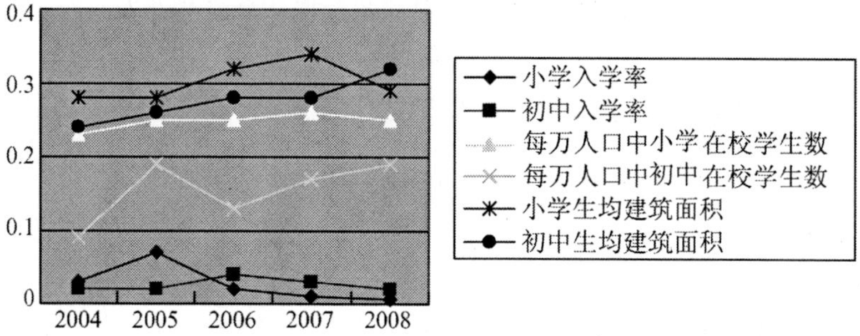

图 2.3　中部地区各县(市、区)教育供给规模的变异系数

从中部地区各县(市、区)教育供给规模的变异系数图看出,小学入学率、初中入学率的变异系数都呈下降趋势,这说明中部地区各区域间的义务教育入学机会的相对差异不断缩小。每万人口中小学在校学生数、每万人口中初中在校学生数、小学生均建筑面积、初中生均建筑面积四项指标的变异系数都呈稳步上升趋势,尤其是初中生均建筑面积和每万人口中初中在校学生数的变异系数增长更为明显。从总体上看,中部地区各县(市、区)教育供给规模的变异系数反映出中部地区各区域间的相对差异在扩大。

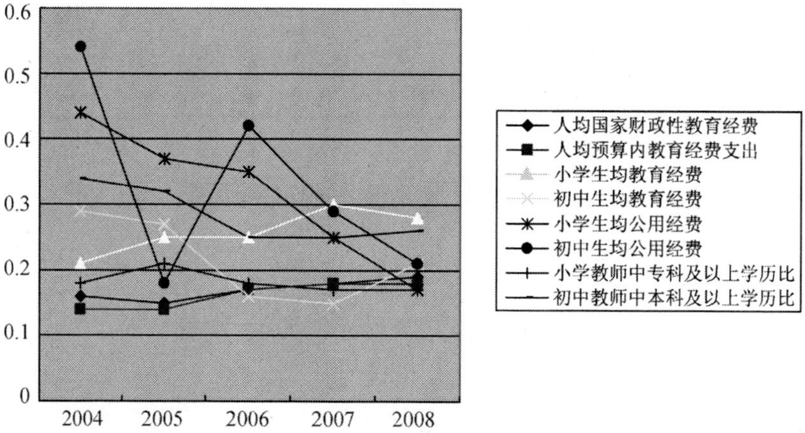

图 2.4　中部地区各县(市、区)教育供给质量的变异系数

依据中部地区各县（市、区）教育供给质量的变异系数图，可得出，人均国家财政性教育经费和人均预算内教育经费支出的变异系数呈缓慢增长趋势，这说明地方政府教育供给的人均教育总量的相对差异在扩大，并可能成为影响区域间教育供给能力的重要因素。中小学生均教育经费、中小学生均公用经费、代表师资水平的教师学历等指标的变异系数都呈下降趋势，这说明中部地区各县（市、区）的实际教育经费使用和师资水平的相对差异进一步缩小。

三、西部地区教育供给水平差异的实证分析

20 世纪 90 年代，政府提出了西部大开发战略，目的就是要使中国的各个区域共同走上富裕与现代化之路。在全国 2 109 个县级行政区中，592 个贫困县所占的比重为 28%。而东部地区县级单位中划入贫困县的比重为12.9%，中部地区为 24.1%，西部地区竟高达 40.1%。如果动态地看，在 1986 年划定的 592 个国家级贫困县中的贫困人口，有三分之二是分布在东、中部地区，但是到 1999 年，东、中部地区的贫困人口所占比重已下降到不足 50%，而西部地区贫困人口所占的比重，则从 1986 年的三分之一上升到 55% 以上，这说明西部地区贫困人口减少的速度远远慢于东、中部地区。此外，1986 年以后在“八五”计划期间和实施“八七”扶贫计划以来，国家级贫困县数又有增加，但主要集中在西部。其中，以“八七”扶贫计划与“八五”计划比较，新增加的西部省、区贫困县竟占到全部新增国家级贫困县的 80%。对比西部人口只占全国的 28.5%，突显出中国贫困人口在西部的集中程度。①可以说，西部大开发战略是我国崛起的必经阶段，也是社会发展现实使然。教育作为推动战略的重要措施之一，中央政府在 1995—2000 年、2001—2005 年先后实施的两期国家贫困地区义务教育工程中，中央分别投入资金 124.63 亿元、72.5 亿元，第一期面向 568 个国家级贫困县和 284 个省级贫困县，受益人口约 2.5 亿人；第二期面向未通过省级验收的经济薄弱县 522 个，西部地区获得资金转移支付的优先待遇。近几年，中西部地区一半以上的义务教育经费来自中央财政。针对 2004—2007 年安排西部地区“两

---

① 王建：《2020 年中国西部地区的反贫困问题》[EB/OL]. http://210.34.157.47/index/showdoc.asp blockcode = 50hgjj&filename = 200107311541

基”攻坚计划专项资金，推动实施西部地区基本普及九年义务教育，很多省份规定其中60%以上用于农村义务教育，是弥补义务教育经费缺口的重要资金来源。[①] 在西部大开发战略的积极引导和支持下，西部地区教育供给水平不断得以提高。

（一）西部地区教育供给水平的整体状况

如表2.9所示，2004—2008年期间，西部地区小学入学率的均值从99.92%增长到100%，初中入学率从98.96%增长到99.46%，说明西部地区各县（市、区）的儿童受教育的权利得到保障。每万人口中小学在校学生数由2004年的726.69人减少到573.74人，每万人口中初中在校学生数从2004年的378.28人增长到396.37人。小学规模的缩小与初中规模的扩大，究其原因，一方面是西部人口向东部流动，导致现有小学学生学籍数的减少；另一方面，西部义务教育普及率提高，初中在校学生数即随之增加。小学生均建筑面积的均值在2006年达到峰值9.81m^2，随之快速下降到2008年的3.94m^2。初中生均建筑面积的均值在2004年达到峰值14.27m^2，随后呈直线下降趋势，2008年为低谷5.06m^2。

表2.9　2004—2008年西部地区县级区域供给教育的平均规模

单位：%/人/m^2

	2004	2005	2006	2007	2008
小学入学率	99.92	99.95	99.97	99.97	100.00
初中入学率	98.96	99.03	99.32	99.43	99.46
每万人口中小学在校学生数	726.69	689.04	660.09	618.41	573.74
每万人口中初中在校学生数	378.28	376.88	392.47	399.29	396.37
小学生均建筑面积	5.53	5.90	9.81	4.57	3.94
初中生均建筑面积	14.27	9.74	5.76	5.29	5.06

西部地区在教育供给规模方面，最为突出的初中入学率和初中在校学生数方面取得重大进展。进一步分析，西部地区教育供给质量的整体水平则显著提

① 古炳炜：《论义务教育转移支付制度的建构》，载《经济研究参考》，2009（47），28～31页。

高。(1)人均国家财政性教育经费从2004年的209.54元增长到2008年的614.21元,增长了2.93倍;人均预算内教育经费支出从2004年的183.54元增长到2008年的532.64元,增长了2.9倍。这说明西部大开发战略的中央资金投入对西部地区的教育投入发挥了重要作用,县级区域义务教育供给的经济支撑力度增强。(2)小学生均教育经费从2004年的1 575.93元增长到2008年的4 338.04元,增长了2.75倍;初中生均教育经费从2004年的2 597.70元增长到2008年的5 530.04元,增长了2.13倍,且两项指标都呈增长之势。(3)小学生均公用经费从2004年的332.48元增长到2008年的525.33元,初中生均公用经费从2004年的657.88元增长到2008年的892.33元,分别高出当时国标225.33元和392.33元。(4)小学教师中专科及以上学历比从2004年的47.43%增长到2008年的72.63%,初中教师中本科及以上学历比从2004年的32.48%增长到2008年的65.36%,这说明西部地区师资队伍素质有了大幅度提高。

表2.10　2004—2008年西部地区县级区域供给教育的质量综合情况

单位:元/%

	2004	2005	2006	2007	2008
人均国家财政性教育经费	209.54	236.99	323.08	491.23	614.21
人均预算内教育经费支出	183.54	196.11	262.95	419.47	532.64
小学生均教育经费	1 575.93	1 894.87	2 311.67	3 510.45	4 338.04
初中生均教育经费	2 597.70	2 902.47	3 731.27	4 410.29	5 530.04
小学生均公用经费	332.48	578.51	490.18	468.07	525.33
初中生均公用经费	657.88	1 109.74	1 013.00	839.93	892.33
小学教师中专科及以上学历比	47.43	72.23	65.24	69.73	72.63
初中教师中本科及以上学历比	32.48	41.36	50.86	58.56	65.36

(二)西部地区教育供给水平的绝对差距

西部地区各县(市、区)在西部大开发战略影响下,教育发展迅猛,超过了中部地区的整体水平。在一种外力作用下的追赶式发展,特别需要协调发展,协调发展的重要功能就是解决西部地区教育供给水平的短板,尤其是对区域间的绝对差距和极端差距的分析就显得相当重要。

1. 西部地区教育供给规模的差距分析

(1)小学入学率的标准差呈下降趋势,从2004年的0.14下降到0.00;极差从2004年的0.5下降到2008年的0.00,这说明西部地区各县(市、区)间的义务教育入学机会差距越来越小,几乎可以忽略不计。初中入学率的标准差呈波浪式上升趋势,从2004年的0.6上升到2008年的0.68,极差从2004年的1.9上升到2.0,说明西部地区之间义务教育普及程度将出现越来越大差距。

(2)反映学校教育规模的在校学生数的标准差和极差都呈先降后升趋势,每万人口中小学在校学生数的标准差从2004年的55.52人扩大到2008年的83.54人;极差从2004年的209.41人扩大到2008年的247.73人。每万人口中初中在校学生数的标准差从2004年的29.49人扩大到2008年的45.2人;极差从2004年的108.99人扩大到2008年的145.95人。无论是对绝对差距还是极端差距的分析,都说明西部地区各县(市、区)之间的学生规模出现差距扩大化趋势。

(3)小学生均建筑面积的标准差和极差都呈先升后降趋势,2006年达到峰值后开始缓慢下降。初中生均建筑面积的标准差呈较稳定的下降趋势,极差则呈不规则的趋势。总体上说,生均建筑面积的绝对差距和相对差距都在缩小,意味着西部地区内各县(市、区)之间的硬件建设差距开始缩小。

表2.11 2004—2008年西部地区内各县(市、区)教育供给规模的差距情况

单位:%/人/m²

		A1	A2	A3	A4	A5	A6
2004	标准差	0.14	0.60	55.52	29.49	0.94	3.63
	极　差	0.50	1.90	209.41	108.99	3.77	12.02
	极差率	1.01	1.02	1.36	1.33	1.89	2.22
	变异系数	0.001	0.006	0.08	0.08	0.17	0.25
2005	标准差	0.09	0.60	52.19	25.16	1.24	1.73
	极　差	0.30	2.50	168.11	109.26	5.02	5.57
	极差率	1.00	1.03	1.29	1.34	5.02	5.57
	变异系数	0.00	0.006	0.08	0.07	0.21	0.18

续表

		A1	A2	A3	A4	A5	A6
2006	标准差	0.03	0.59	53.23	30.81	2.03	1.60
	极　差	0.10	1.80	191.43	107.18	7.04	6.95
	极差率	1.00	1.02	1.34	1.32	1.94	3.32
	变异系数	0.00	0.005	0.08	0.08	0.21	0.28
2007	标准差	0.026	0.49	66.44	38.99	0.71	0.78
	极　差	0.07	1.80	209.21	142.32	1.99	2.75
	极差率	1.00	1.02	1.40	1.46	1.52	1.62
	变异系数	0.00	0.005	0.11	0.10	0.16	0.15
2008	标准差	0.00	0.68	83.54	45.20	0.67	1.25
	极　差	0.00	2.00	247.73	145.95	2.40	3.93
	极差率	1.00	1.02	1.52	1.46	1.86	2.15
	变异系数	0.00	0.006	0.15	0.11	0.17	0.25

指标说明：A1 = 小学入学率；A2 = 初中入学率；A3 = 每万人口中小学在校学生数；A4 = 每万人口中初中在校学生数；A5 = 小学生均建筑面积；A6 = 初中生均建筑面积

2. 西部地区教育供给质量的差距分析

（1）人均国家财政性教育经费与人均预算内教育经费支出的标准差和极差都呈稳步上升趋势。人均国家财政性教育经费的标准差从2004的34.3元扩大到2008年的128.58元，扩大了3.75倍；极差从2004年的127.36元扩大到2008年的466.3元，扩大了3.66倍。人均预算内教育经费支出的标准差从2004年的28.7元扩大到2008年的100.85元，扩大了3.51倍；极差从2004年的98.8元扩大到350.2元，扩大了3.54倍。这两项指标的绝对差距和极端差距都呈高速增长趋势，意味着西部地区内各县（市、区）之间的政府供给能力加剧分化，并可能成为西部教育崛起的重要制约因素。

（2）生均教育经费的标准差和极差也呈增长趋势。小学生均教育经费的标准差从2004年的183.58元扩大到2008年的895.11元，扩大了4.88倍；极差从2004年的590.63元扩大到2008年的3 263.03元，扩大了5.52倍。初中生均教育经费的标准差从2004年的629.75元扩大到2008年的1 246.14元，扩大了1.96倍；极差从2004年的2 573.26元扩大到4 316.37元，扩大了1.68倍。生均教育经费的差距扩大化揭示出西部地区内各县（市、区）教育投入总量的差距在拉大，地方政府对教育的重视程度发生偏差。

（3）生均公用经费的标准差和极差呈现出先升后降趋势，不过小学和初中的生均公用经费的曲线略有不同。小学生均公用经费的标准差和极差在2005年分别达到高峰269.27元和938.27元，随后呈缓慢下降并稳定趋势。初中生均公用经费的标准差和极差在2006年分别达到高峰431.25元和1 560.75元，随后呈稳定下降趋势。

（4）师资水平的差距变化趋势与生均公用经费的变化趋势基本相同。小学教师中专科及以上学历比的标准差和极差都是在2005年达到峰值15.35%和39.5%，随后开始下降；初中教师中本科及以上学历比的标准差和极差分别在2005年和2006年达到峰值15.5%和50.6%，随后开始下降。这说明师资队伍建设在西部地区各县（市、区）之间的绝对差距和极端差距都在缩小，对于西部地区教育走内涵发展之路有重大意义。

表2.12　2004—2008年西部地区内各县（市、区）教育供给质量的差距情况

单位：元/%

		A1	A2	A3	A4	A5	A6	A7	A8
2004	标准差	34.30	28.70	183.58	629.75	112.01	241.27	9.45	15.00
	极　差	127.36	98.80	590.63	2 573.26	340.34	777.75	39.10	43.80
	极差率	1.92	1.80	1.46	3.19	2.69	3.93	2.58	3.96
	变异系数	0.16	0.16	0.12	0.24	0.34	0.37	0.20	0.46
2005	标准差	47.88	37.91	409.33	680.77	269.27	354.37	15.35	15.50
	极　差	185.00	141.30	1 397.53	2 430.75	938.27	1 150.17	39.50	48.60
	极差率	2.24	2.14	2.01	2.80	3.98	3.33	1.75	3.31
	变异系数	0.20	0.19	0.22	0.23	0.47	0.32	0.21	0.37

续表

		A1	A2	A3	A4	A5	A6	A7	A8
2006	标准差	62.67	54.19	569.91	681.96	157.14	431.25	8.66	15.48
	极　差	218.00	197.10	2 242.88	2 144.35	503.79	1 560.75	36.40	50.60
	极差率	1.90	2.16	2.33	1.81	2.76	4.26	1.82	2.69
	变异系数	0.19	0.21	0.25	0.18	0.32	0.43	0.13	0.30
2007	标准差	137.14	109.29	656.37	1 010.10	102.83	222.30	8.49	14.41
	极　差	428.40	341.00	2 208.20	3 504.90	365.01	782.00	35.90	47.00
	极差率	2.33	2.16	1.91	2.10	2.15	2.45	1.77	2.21
	变异系数	0.28	0.26	0.19	0.23	0.22	0.26	0.12	0.25
2008	标准差	128.58	100.85	895.11	1 246.14	115.67	175.43	8.29	12.95
	极　差	466.30	350.20	3 263.03	4 316.37	373.19	701.22	31.70	41.00
	极差率	2.10	1.94	2.14	2.19	1.99	2.03	1.57	1.86
	变异系数	0.21	0.19	0.21	0.23	0.22	0.20	0.11	0.20

指标说明：A1 = 人均国家财政性拨款；A2 = 人均预算内教育经费拨款；A3 = 小学生均教育经费；A4 = 初中生均教育经费；A5 = 小学生均公用经费；A6 = 初中生均公用经费；A7 = 小学教师中专科及以上学历比；A8 = 初中教师中本科及以上学历比

3. 西部地区教育供给水平的相对差距

通过对西部地区教育供给规模的数据分析，结果如图 2.5 所示：(1)小学入学率和初中入学率的变异系数基本稳定，这说明西部地区内各县(市、区)的儿童受教育机会没有明显的差距。(2)从学生规模指标分析，每万人口中小学在校学生数和每万人口中初中在校学生数的变异系数呈不断扩大的趋势。从 2004 年到 2006 年比较平缓，2006 年之后，变动速度加快，呈直线上升趋势，尤其是每万人口中小学在校学生数的变异系数急剧增长。这说明西部地区内各县(市、区)之间的学生规模差距在拉大，而且拉大的趋势在加强。(3)生均建筑面积的变异系数相对入学率和学生规模而言，显得很不规则。小学生均建筑面积的变异系数从 2004 年开始上升并保持稳定态势，2007 年降至最低，之后又出现上升趋势。而初中生均建筑面积的变异系数则是先降再升再降，之后出现上升趋势,显得极不稳定。

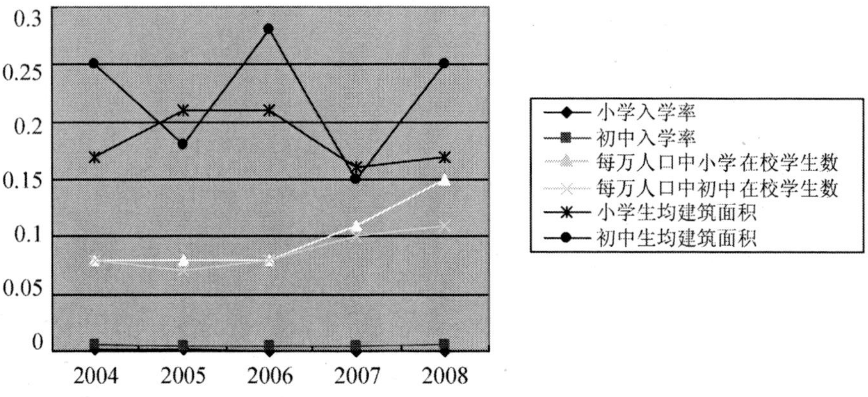

图 2.5 西部地区各县(市、区)教育供给规模的变异系数

就教育供给规模的变动趋势而言,教育供给质量各项指标的变异系数总体上呈下降趋势。如图 2.6 所示:

(1)人均国家财政性教育经费的变异系数在 2007 年升至最高点之后开始下降;而人均预算内教育经费支出的变异系数则呈先升后降的趋势,这两项指标的分析结果揭示出西部地区内各县(市、区)之间的教育供给总量的相对差异在不断缩小。

(2)生均教育经费的变异系数呈缓慢上升趋势,意味着生均教育投入的相对总量之间的相对差异在拉大。小学生均教育经费的变异系数在 2006 年升至最高点,之后开始下降,2008 年的变异系数仍远高于 2004 年的变异系数。初中生均教育经费的变异系数在 2006 年降至最低点,之后开始上升并保持稳定趋势。

(3)生均公用经费的变异系数呈下降趋势,说明西部地区内各区域之间的资源配置向良性循环趋势发展。小学生均公用经费的变异系数在 2005 年升至最高点,之后一直呈下降趋势,并低于 2004 年的相对差异水平。初中生均公用经费的变异系数则是在 2006 升至最高点,之后呈下降趋势,直至低于 2004 年的差异水平。

(4)师资水平的变异系数呈下降趋势,说明西部地区内各县(市、区)的学生之间在接受教学过程的软件水平方面的相对差距在缩小。其中,小学教师中专科及以上学历比的变异系数在2006年略微上升，之后一直呈缓慢下降趋势。初中教师中本科及以上学历比的变异系数则是呈直线下降趋势，而且下降幅度比较大。

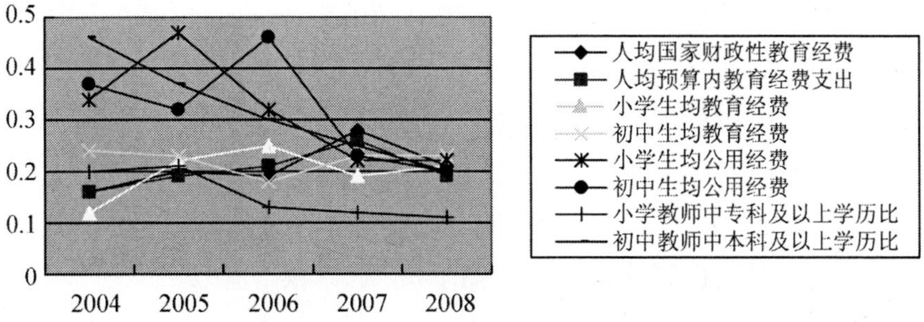

图2.6　西部地区各县(市、区)教育供给质量的变异系数

第三节　区域教育供给水平差异产生的原因

三类地区教育供给水平通过动态与静态相结合的方法描述了差异的变动趋势。教育供给水平的绝对差距和极端差距以及相对差距相结合，整体勾勒出我国区域教育供给水平的差异变动情况。在上文分析的基础上，总结三类地区之间的教育供给水平差异变动的规律并寻求差异产生的主要原因。

一、三类地区教育供给水平差异的比较

随着《教育法》《国务院关于深化农村义务教育经费保障机制改革的通知》《义务教育法》等法律法规的出台，教育经费的"三个增长"和"两个提高"得到进一步落实。教育投入作为教育发展水平的重要影响因子，其投入增长速度和配置优劣间接反映了教育发展质量的高低。因为教育质量在很大程度上取决于教师水平和教学设备，而教师水平的高低和教学设备的好坏又取决于教育经费的供给状况和配置比例。

(一)教育供给水平整体提高掩饰了教育供给水平差异

十六大之后,我国确立了人才强国战略,逐渐将优先发展教育列为改善民生的首要任务。我国已完成从基本实现“两基”到全面实现“两基”的转变,中国15岁以上人口平均受教育年限超过9.5年,新增劳动力平均受教育年限接近12.4年,均超世界平均水平。2003年出台了《关于进一步加强农村教育工作的决定》;2006年至2010年,国家财政新增农村义务教育经费2182亿元;中小学校校长负责制、办学自主权全面依法落实;以政府投入为主,基本形成了多渠道筹措教育经费的体制机制,大大提高了我国教育供给能力。

以新修订的《义务教育法》颁布时间(2006年)为中介点,2008年与2004年相比,义务教育的发展规模和教育质量都取得很大提高。这反映在三方面:

第一,儿童受教育机会增加,小学入学率从98.97%上升到99.89%,初中入学率从99.22%上升到100%,人民教育政府办效果良好。

第二,儿童受教育过程更有保障,彰显政府责任和义务的人均国家财政性教育经费和人均预算内教育经费支出同比增长了2.6倍,提升教育服务能力的小学生均公用经费和初中生均公用经费分别增长了1.69倍和1.63倍。

第三,儿童受教育结果明显改善,小学升学率和初中毕业率明显提高,影响学生学业成就的小学教师中专科及以上学历比和初中教师中本科及以上学历比分别增长了25.78%和21.98%。

与此同时,教育投入结构比之间的绝对差距和极端差距更能揭示出义务教育均衡发展现状。调研数据显示:

(1)国家财政性教育经费和预算内教育经费支出作为衡量政府供给教育能力的两项指标,其绝对差距增长了2.05倍和1.83倍,其极端差距增长了1.78倍和2.02倍。

(2)生均教育经费反映了教育投资的相对数量,小学生均教育经费与初中生均教育经费的绝对差距分别增长了1.65倍和1.31倍,极端差距则分别增长了1.77倍和1.31倍。

(3)生均公用经费代表了学生享受教育服务的程度,小学生均公用经费与初中生均公用经费的绝对差距分别下降了3.3%和4.1%，极端差距则分别增长了1.11倍和1.04倍。

（二）三类地区之间的教育供给水平差距扩大化

区域发展差距表现在东中西部地区发展的差距，这种差距是由历史、环境等诸多因素造成的。同样，区域间的教育供给水平差距也由于既定的历史、环境、文化和经济差异导致了不同区域间的政府教育供给水平的差异。进入21世纪之后，我国中央政府出台了一系列的教育均衡发展政策，采取措施尽可能缩小三类地区之间的教育供给水平差距。

纵向上比较，2004—2008年期间，依据表2.1、2.2、2.5、2.6、2.9、2.10的原始数据，按照“三个增长、两个提高”的政策规定，教育经费投入按照固定的比例增长，使得东中西部之间的教育不均衡加剧，且呈东西部高、中部低的“V”形教育投入不均衡曲线。教育投入差距拉大的后果，还直接影响师资队伍的建设。概括起来说，三类地区之间的教育供给水平的差距扩大主要是教育供给质量的差距在扩大。

如表2.13和表2.14所示，2008年三类地区的教育供给规模的差异不太明显，教育供给质量的差距非常明显。教育供给规模指标中，最为明显的是在校学生数。其中中部地区的小学规模非常大，每万人口中的在校学生数比全国均值高207.05人，这与中部地区人口密度大有较大的关系。而东部地区的基础建设由于教育投入量较大的原因，生均建筑面积高于全国均值。

表2.13　2008年三类地区教育供给规模的距平值比较

单位：%/人/m²

	全国均值	东部距平值	中部距平值	西部距平值
小学入学率	99.89	+1.11	-0.15	+1.11
初中入学率	100.13	-0.23	+0.51	-0.67
每万人口中小学在校学生数	791.01	-47.89	+207.05	-217.31
每万人口中初中在校学生数	357.91	-3.34	-25.10	+48.46
小学生均建筑面积	5.21	+2.18	-0.22	-1.27
初中生均建筑面积	8.51	+1.86	+1.79	-3.45

从教育供给质量层面分析，第一，2008 年人均国家财政性教育经费情况：东部地区比全国平均水平高 255.21 元；中部地区比全国平均水平低 173.63 元；西部地区高出全国平均水平 43.9 元。

第二，2008 年人均预算内教育经费支出情况：东部地区高出全国平均水平 202.27 元；中部地区低于[①]全国平均水平 127.32 元；西部地区高出全国平均水平 24.11 元。

第三，2008 年生均教育经费情况：(1) 东部地区小学高出全国平均水平 1 761.02元，初中高出全国平均水平 2 958.9 元。(2) 中部地区小学比全国平均水平低 1 595.73 元，初中比全国平均水平低 2 204.93 元。(3) 西部地区小学高出全国平均水平 786 元，初中高出全国平均水平 710.64 元。

第四，2008 年生均公用经费情况：(1) 东部地区小学高出全国平均水平 759.33 元，初中高出全国平均水平 1 192.05 元。(2) 中部地区小学比全国平均水平低 306.37 元，初中比全国平均水平低 512.45 元。(3) 西部地区小学比全国平均水平低 165.45 元，初中比全国平均水平低 214.14 元。

第五，反映师资水平的高学历比情况：(1) 东部地区小学教师中专科及以上学历比 2008 年高出全国平均水平 25.87%，初中教师中本科及以上学历比 2008 年高出全国平均水平 27.33%。(2) 中部地区小学教师中专科及以上学历比 2008 年比全国平均水平低 18.63%，初中教师中本科及以上学历比 2008 年比全国平均水平低 22.98%。(3) 西部地区小学教师中专科及以上学历比 2008 年高出全国平均水平 4.01%，初中教师中本科及以上学历比 2008 年高出全国平均水平 8.64%。

① 柴葳：《教育改革发展成就述评：中国教育发展的国家意志》[EB/OL]. http://www. jyb. cn/china/gnxw/201210/ t20121022_514834_1. html

表 2.14　2008 年三类地区教育供给质量的距平值比较

单位:元/%

	全国均值	东部距平值	中部距平值	西部距平值
人均国家财政性教育经费	570.31	+255.21	-173.63	+43.90
人均预算内教育经费支出	508.53	+202.27	-127.32	+24.11
小学生均教育经费	3 552.04	+1 761.02	-1 595.73	+786.00
初中生均教育经费	4 819.40	+2 958.90	-2 204.93	+710.64
小学生均公用经费	690.78	+759.33	-306.37	-165.45
初中生均公用经费	1 106.53	+1 192.05	-512.45	-214.14
小学教师中专科及以上学历比	68.62	+25.87	-18.63	+4.01
初中教师中本科及以上学历比	56.72	+27.33	-22.98	+8.64

很明显,教育供给质量的五大指标无一例外地呈现出东部最高、中部处于低谷、西部较高的格局。

(三)三类地区内部的教育供给水平差距扩大化

区域内部的各县(市、区)之间的教育发展不平衡。落后县(市、区)的教师待遇与发达县(市、区)教师的待遇差距拉大,落后县(市、区)的教师向发达县(市、区)流动。教师的流动,也在一定程度上促使学生的流动,形成发达县(市、区)的“巨型学校”。这种“盛衰相映”的教育现象,进一步推动区际教育供给水平分化。究其原因,首要因素是办学责任过度下放到县(市、区),较强县(市、区)的学校配置标准高、经费投入多,成为“强县(市、区)越强、弱县(市、区)越弱”的催化剂,加剧了县际之间的不均衡发展。

通过数据观测,2004—2008 年,东中西部地区内的各县(市、区)之间的义务教育发展水平的绝对差距和极端差距也在扩大化,对一定地区之内的教育公平产生强烈的影响。

第一,人均国家财政性教育经费与人均预算内教育经费支出的标准差在三类地区都呈扩大化趋势。其中东部地区内的各县(市、区)之间的绝对差距排名第一,西部排名第二,中部居末。这意味着三类地区内部不同县(市、区)的教育供给能力呈现出的差距越来越大。

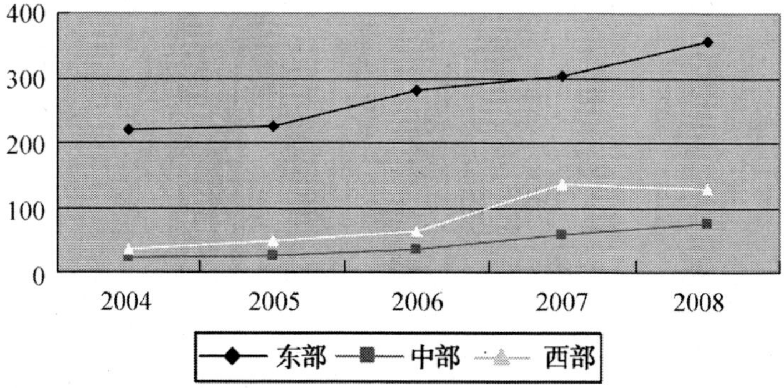

图 2.7　人均国家财政性教育经费的标准差(元)

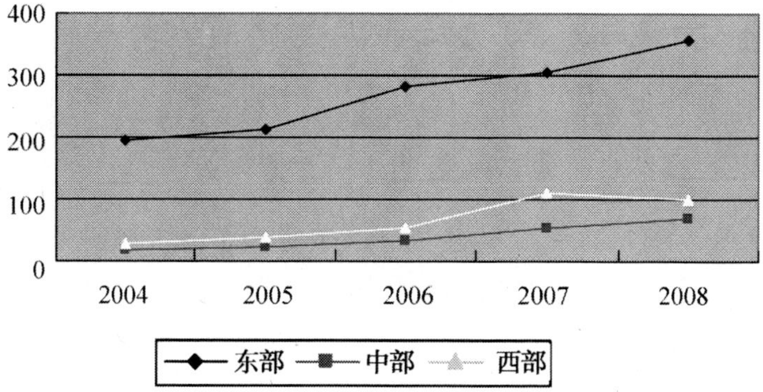

图 2.8　人均预算内教育经费拨款的标准差(元)

第二,生均教育经费的标准差在三类地区都呈增长趋势,其中东部地区内的各县(市、区)之间的绝对差距排名第一,西部排名第二,中部居末。这意味着三类地区内部不同县(市、区)的生均教育投入总量的差距越来越大。

第三,生均公用经费的标准差在三类地区都呈现出下降或趋向稳定的态势。但是,地区间内部县(市、区)的绝对差距依然是东部地区排名第一,西部排名第二,中部居末。

第四,师资水平在三类地区内部各县(市、区)之间的差距呈现出不同的趋势。

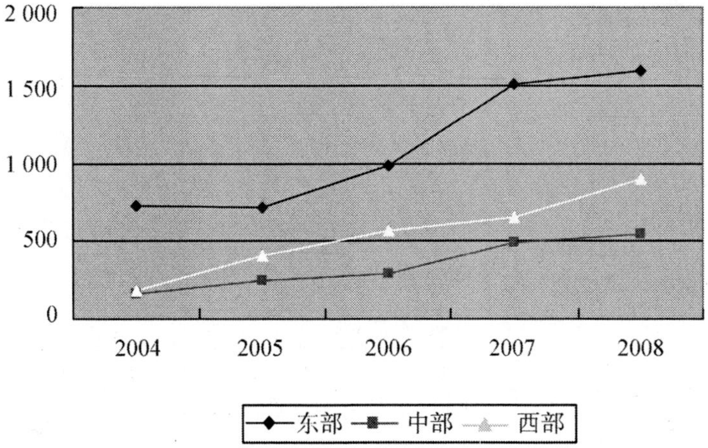

图 2.9　小学生均教育经费的标准差(元)

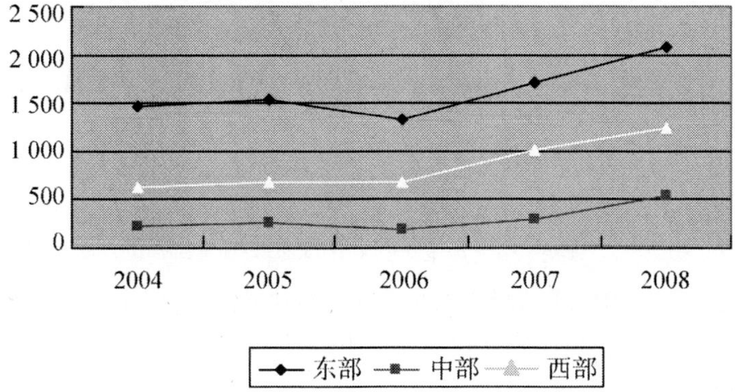

图 2.10　初中生均教育经费的标准差(元)

(1)东部地区小学师资水平的绝对差距在 2005 年达到峰值后,开始逐渐下降,并相对稳定;初中师资水平的绝对差距呈稳定的下降趋势。这说明东部地区义务教育阶段各县(市、区)之间师资水平的绝对差距在不断缩小。

(2)中部地区各县(市、区)的小学和初中师资水平的绝对差距曲线呈稳定的增长趋势,这说明中部地区内各县(市、区)之间的师资水平绝对差距越来越大。这可能是中部地区原本经济基础比较差,中部崛起战略的提出比西部大开

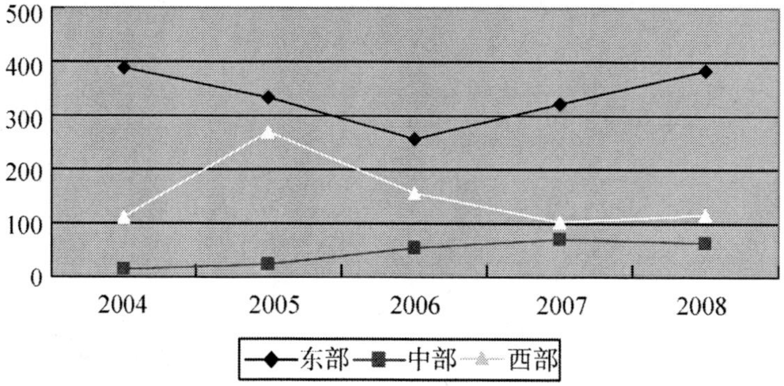

图 2.11　小学生均公用经费的标准差(元)

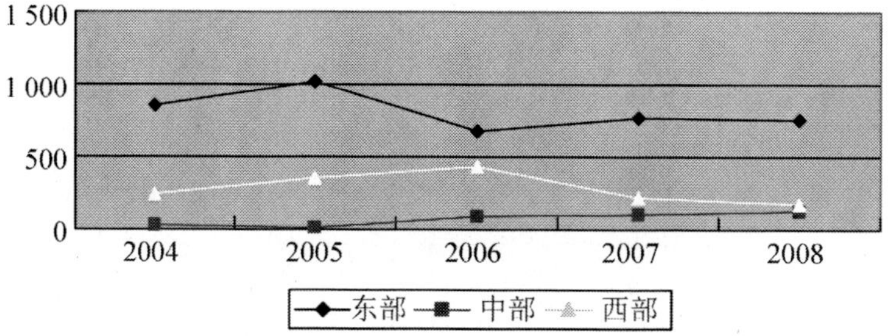

图 2.12　初中生均公用经费的标准差(元)

发战略晚了几年,中央教育经费的转移支付力度比西部小,在经济增长加速过程中,更容易出现相邻或相近区域的不均衡现象。

(3)西部地区小学师资水平在 2005 年达到最大绝对差距之后开始下降,2008 年出现略抬头之势;初中师资水平的绝对差距保持较稳定的趋势,2007 年开始下降。这意味着西部地区的师资水平不够稳定,采取人才引进等措施防止师资水平差距的反弹。从师资水平的绝对差距整体情况上看,东部地区排名第三,中部地区排名第二,西部地区排名第一。这说明东部地区已由硬件建设转向软件提升,而中西部则处于硬件建设阶段。

三类地区的教育供给质量差异,可能导致三类地区内部县(市、区)之间产生"教育邻近效应",也可能导致三类地区间的"教育邻近效应"。这种差异扩大化趋势使得欠发达地区或县(市、区)的教育投入获取的教育效益向发达地区迁移,形成一定范围内的教育投资负效应现象。这种负效应的间接后果就是导致欠发达地区的生源、师资等优质教育资源向教育发达区域流动,从而进一步加剧相邻区域之间的教育不均衡。那么,三类地区之间及其内部各县(市、区)之间的差异产生的原因是什么呢?

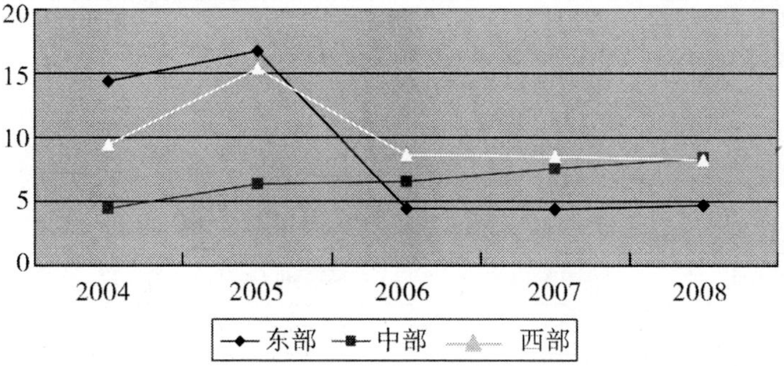

图 2.13　小学教师中大专及以上学历比的标准差(%)

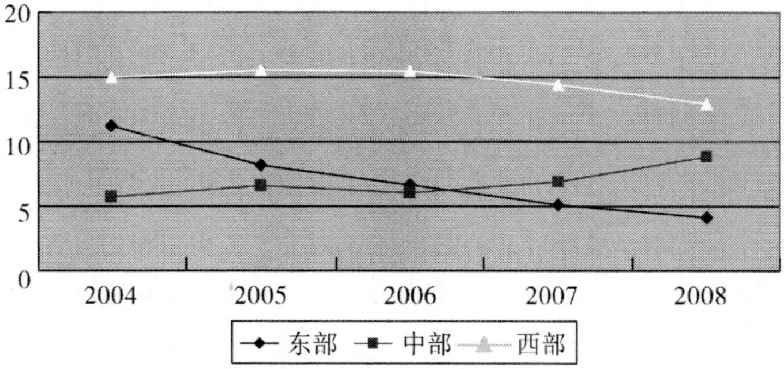

图 2.14　初中教师中本科及以上学历比的标准差(%)

二、区域教育供给水平与经济发展的相关分析

地区间教育供给水平差异从总体上主要表现在教育供给质量的差异上,这种差异主要是由于教育投入导致的。而教育投入的高低更多的是取决于区域经济发展水平。具体地说,区域教育发展差异与各地区的经济结构、城市化程

度等方面有密切的关系。为此,本研究选择人均 GDP、人均财政收入、人均财政支出、城镇居民人均收入、农村居民人均纯收入作为区域经济发展水平的指标。测量区域教育供给水平的指标包括教育供给规模与教育供给质量的各项指标,并结合区域经济发展水平的五项指标,做相关分析,分析结果见表 2.15。

表 2.15　区域教育供给水平与经济差异的矩阵相关性分析表

	人均 GDP		人均财政收入		人均财政支出		城镇居民人均可支配收入		农村居民人均纯收入	
	相关系数	检验P值	相关系数	检验P值	相关系数	检验P值	相关系数	检验P值	相关系数	检验P值
小学入学率	0.176	0.266	0.096	0.546	0.117	0.460	0.199	0.207	0.252	0.108
小学毕业生升初中率	-0.113	0.475	-0.077	0.266	-0.124	0.435	-0.115	0.467	-0.166	0.293
每万人口中小学在校学生数	-0.253	0.105	-0.472**	0.002	-0.507**	0.001	-0.281	0.072	-0.457**	0.002
每万人口中初中在校学生数	0.179	0.256	0.243	0.122	0.254	0.104	0.208	0.186	0.180	0.255
小学生均校舍面积	0.679**	0.000	0.457**	0.002	0.203	0.197	0.542**	0.000	0.339*	0.028
初中生均校舍面积	0.272	0.081	0.098	0.536	-0.128	0.418	0.181	0.251	-0.102	0.522
人均财政性教育经费	0.792**	0.000	0.736**	0.000	0.667**	0.000	0.696**	0.000	0.586**	0.000
人均预算内教育经费支出	0.733**	0.000	0.635**	0.000	0.583**	0.000	0.624**	0.000	0.481**	0.000
小学生均教育事业费	0.717**	0.000	0.728**	0.000	0.735**	0.000	0.735**	0.000	0.640**	0.000
初中生均教育事业费	0.831**	0.000	0.755**	0.000	0.688**	0.000	0.723**	0.000	0.767**	0.000
小学生均公用经费	0.874**	0.000	0.680**	0.000	0.544**	0.000	0.775**	0.000	0.812**	0.000
初中生均公用经费	0.910**	0.000	0.658**	0.000	0.549**	0.000	0.799**	0.000	0.763**	0.000
小学专任教师中专科及以上学历比	0.810**	0.000	0.736**	0.000	0.622**	0.000	0.805**	0.000	0.917**	0.000
初中专任教师中本科及以上学历比	0.816**	0.000	0.829**	0.000	0.678**	0.000	0.815**	0.000	0.890**	0.000

说明:数据来源于三类地区 2008 年度统计的初始数据,然后运用 SPSS15.0 进行相关性分析及检验

从表 2.15 中可以发现,反映区域教育供给规模的入学率、学生规模、生均建筑面积与各经济发展指标间的相关系数,除了小学生均建筑面积与人均 GDP、人均财政收入、城镇居民人均可支配收入、农村居民人均纯收入呈正相

关,并有显著性关系之外,其他的都呈负相关或弱相关。小学生均建筑面积与人均 GDP 的相关系数达到 0.679,并呈非常显著性关系,这说明政府对教育投入的一种直接效应产生了,即学校基础建设明显改善。区域教育供给规模与经济发展水平相关系数普遍较低的原因在于推行《义务教育法》和强力实施“普九”,是一种政策效应的具体表现。另外,这与各区域将普及义务教育作为考察政府工作绩效的一个重要指标有密切关系。各级政府,尤其是相对落后地区的政府,为完成任务想尽各种办法。在微弱增加教育投入的同时急剧扩张数量,以数量换质量。这种效应的结果是各地教育供给规模都达到了较高水平,从规模角度看,各区域教育发展差异较小。

依据教育投入产生教育效益的理论,各区域间教育质量的高低,往往取决于教育经费投入水平的高低。在教育经费投入的各项指标与经济水平之间的相关检测中,我们发现,教育经费投入的各项指标与反映经济水平的五项指标都呈正相关,且呈非常显著性关系。人均 GDP 与教育经费各项指标的相关系数介于 0.72 ~0.91之间;人均财政收入与教育经费各项指标间的相关系数介于 0.64 ~0.76之间;人均财政支出与教育经费各项指标间的相关系数介于0.55 ~0.74之间;城镇居民人均可支配收入与教育经费各项指标间的相关系数介于0.63 ~0.80之间;农村居民人均纯收入与教育经费各项指标间的相关系数介于0.50 ~0.81 之间。从影响作用的大小角度分析,区域经济水平指标对区域教育质量的影响强度按递减顺序依次为人均 GDP、城镇居民人均可支配收入、人均财政收入、人均财政支出、农村居民人均纯收入。然而,这些经济指标对教育经费结构到底起着什么样的作用呢? 表 2.15 显示,人均 GDP 对生均公用经费的影响作用很大,尤其是初中生均公用经费,这说明初中公用经费对地方政府的依赖程度更大。另一方面,城镇居民人均可支配收入对初中生均公用经费的影响作用最大,而农村居民人均纯收入对小学生均公用经费的影响作用最大,这说明城市化程度越高的地方城镇居民经济支配能力对教育供给水平将发挥显著作用,而在比较落后地区可能是农村居民经济支撑能力对教育供给水平的作用较大。这进一步说明,义务教育供给质量对区域居民经济支配能力的依赖性。

区域经济水平的高低,对教师队伍的稳定和质量提升发挥着相当重要的作用。通过相关分析,五项经济指标与教师队伍的质量都呈高度正相关。在普九之后,中小学专任教师合格率的区域比较意义不大。高学历教师比成为反映一个区域教师质量高低的一个可选指标。因为,高学历专任教师在一个学校的集中程度,潜在地影响着这个学校的教育教学质量和改革创新能力。从“经济理性”出发,高学历教师更多地倾向于经济较为发达地区。表 2.15 也证明,无论是小学高学历教师比还是初中高学历教师比,都与区域经济水平呈较高的正相关关系,其中农村居民人均纯收入的影响作用最大,高达 0.89;然后依次是人均财政收入、人均 GDP、城镇居民人均可支配收入和人均财政支出。

三、区域教育供给水平与经济发展的回归分析

为了进一步揭示教育供给水平与经济发展之间的规律,在此将教育供给规模中的在校学生数和教育供给质量中的人均国家财政性教育经费作为因变量,分别将其与人均 GDP、人均财政收入、人均财政支出、城镇居民人均可支配收入、农村居民人均纯收入五个经济指标作为独立变量,进行回归分析。

(一)每万人口中在校学生数与人均 GDP 的回归分析

在校学生数可以反映义务教育学校的发展规模,通过每万人口中中小学在校学生数与各种经济指标的分析,能够说明中小学校发展规模与经济之间的关系。为了对中小学校在校学生数的规模变动做出整体说明,首先将中小学校在校学生数与五个经济指标进行多元回归分析,结果进入方程的是人均 GDP(简称 PGDP)。为建立两者之间的回归模型,分别用线性、二次、三次模型对曲线进行拟合,最后选择了拟合最好的线性模型,其模型可设定为:

$MXXZXXS_I$(每万人口中小学在校学生数)$= A_i + B_i \times PGDP_I + U_i$

$MCZZXXS_I$(每万人口中初中在校学生数)$= A_i + B_i \times PGDP_I + U_i$

式中 I 为年份,A_i、B_i 为系数,U_i 为随机误差项。利用 2004—2008 年数据,求得各年的回归模型如表 2.16 和表 2.17 所示。

表 2.16　每万人口中小学在校学生数与人均 GDP 回归结果

年份	A	B	R^2	N
2004	805.9(172.3)	-0.420(-0.006)	0.176	54
2005	779.3(176.4)	-0.280(-0.003)	0.078	54
2006	800.8(209.1)	-3.060(-0.004)	0.094	54
2007	821.6(252.7)	-0.328(-0.004)	0.108	54
2008	791.0(258.6)	-0.253(-0.003)	0.064	54

注：上述各回归模型全部在 0.01 显著水平上通过统计检验

表 2.17　每万人口中初中在校学生数与人均 GDP 回归结果

年份	A	B	R^2	N
2004	426.3(136.6)	-0.081(-0.009)	0.655	54
2005	404.2(125.7)	-0.067(-0.006)	0.453	54
2006	399.6(64.8)	-0.042(-0.002)	0.179	54
2007	374.5(58.5)	0.011(0.001)	0.100	54
2008	357.9(61.2)	0.018(0.000)	0.032	54

注：上述各回归模型全部在 0.01 显著水平上通过统计检验

从表 2.16 中可以发现，各回归方程的常数项呈缩小趋势，说明小学在校学生数从整体上在下降。B 值一直为负说明小学在校学生数并没有随着人均 GDP 的增长而提高。表 2.17 也表明，初中在校学生数规模从整体上在下降。B 值从负值转向正值，说明初中在校学生数规模与人均 GDP 的增长受到部分影响，但是影响不大。这说明，教育供给规模受人均 GDP 的影响较小，教育供给规模并没有随着人均 GDP 的增长而扩大，反而呈缩小趋势。

（二）人均国家财政性教育费与人均 GDP 的回归分析

人均国家财政性教育经费主要反映政府对教育投入的总量和政府的教育供给能力，间接地反映教育供给质量的差异。在此，与在校学生数规模的分析一样，人均国家财政性教育经费的分析也首先讨论与经济发展水平之间的关系。通过对人均国家财政性教育经费散点图的分析，发现人均国家财政性教育经费与人均 GDP 存在较为明显的线性关系，其模型设定如下：

$RJGJCZJYJF_I$（人均国家财政性教育经费）$= A_i + B_i \times PGDP_I + U_i$

利用2004—2008年的数据进行回归分析，可得如下回归结果：

表2.18　人均国家财政性教育经费与人均GDP回归结果

年份	A	B	R^2	N
2004	222.6(145.2)	0.072(0.009)	0.521	54
2005	253.9(154.5)	0.074(0.007)	0.546	54
2006	325.1(187.7)	0.075(0.008)	0.621	54
2007	461.3(219.6)	0.077(0.008)	0.589	54
2008	570.3(256.1)	0.079(0.008)	0.627	54

注：上述各回归模型全部在0.01显著水平上通过统计检验

从表2.18的数据可以发现，A值具有明显的上升趋势，这说明各地区人均国家财政性教育经费总体水平不断提高。B值一直为正，说明人均国家财政性教育经费随着人均GDP的增长而增加，而且单位人均GDP增加而带来的人均国家财政性教育经费增加趋势较明显。很显然，各地区教育供给质量的差异是由区域经济发展水平引起的。

通过统计描述与分析，本章揭示出了三类地区之间教育供给水平差异的变动过程与主要决定因子。三类地区之间的教育供给水平差异主要表现在教育供给质量的差异方面。反映教育供给质量的人均国家财政性教育经费、人均预算内教育经费支出、生均教育经费、生均公用经费、师资水平五项指标中，人均国家财政性教育经费、人均预算内教育经费支出、生均教育经费的绝对差距都呈扩大化趋势；相对差距除了生均教育经费的变异系数呈上升趋势之外，另外两项则呈下降趋势。这表明区域之间教育总投入水平的绝对增量和增长速度都存在较大差异，而且两极分化问题相当严重，区域之间的教育供给水平差异问题已到了非解决不可的时候。与此同时，生均公用经费与师资水平的增量与增长速度在三类地区也呈现出较大差异，不过区域内部县（市、区）之间的绝对差距既存在扩大化现象也存在缩小趋势。这意味着从国家层面来解决教育供给质量差异问题，不仅存在中央的宏观调控难度，还存在着教育资源配置如何优化的挑战，从而使得我国的教育供给水平差异问题更为复杂。

第三章　政府供给机制与区域教育供给水平差异[①]

“政府供给”指的是政府提供教育服务，确保公共教育为实现国家利益服务的治理思维。这种治理思维在公共教育实践领域体现的表征就是国家控制公共教育的一系列措施。这些措施意味着政府自觉地把教育作为实现国家目的的一种重要工具的趋势。这一趋势的具体表现是：在教育目标上，突出国家的目的；在教育意识形态上，突出强烈的国家意识；在教育权上，通过法制化的进程来确立国家干预教育的合法性。义务教育供给具有鲜明的公共性、均等性，一般都是以政府供给为主。

第一节　政府为什么提供教育

20 世纪中期，西方各国依据福利经济学思想，开始强化国家教育干预。义务教育首先成为国家干预的阵地，“从摇篮到坟墓”的思想贯穿于整个公共教育过程，亦即从学费到午餐，从学校校车到学生校服，政府都全程包揽。义务教育不仅是强化政治功能的手段，更为重要的，它是实现教育公益性价值的工具。

① 由于我国的市场经济起步较晚，社会发展制度还不是很成熟，因此，第二章和第三章的政府供给与市场供给的理论主要是以西方发达国家的理论为基础进行分析和论证的。同时，第二章的政府供给和第三章市场供给的相关理论论析主要参阅吴景松的博士论文《政府职能转变视野中的公共教育治理范式研究(2008)》。

一、教育的“外部效应”

教育不仅使个人受益，而且使整个社会受益，其中基础教育所带来的社会效益比个人所获得的效益要多得多，这就是教育的外部效应。按照弗里德曼的观点，教育对文化知识和价值准则这两个方面，均会做出贡献。[①] 因为，儿童受到的教育不仅有利于儿童自己或者家庭，而且也会使社会上其他成员从中得到好处。不过，由于无法识别受到利益的具体个人（或家庭），所以不能向他们索取劳务的报酬。

教育外部效应所带来的社会效益包括促进社会生产力发展、保持社会稳定等。巴格莱（William C. Bagley）在《教育与新人》中写道：“社会环境以某种与混乱有内在联系的东西为其特征的时候，正是学校想要避免混乱之时。社会环境充满怀疑和规范被破坏的时候，正是学校强调那些与确定和稳定有关的价值之时。教育跟随着，而不是领导着。如果要使教育成为一种稳定的力量，这就意味着学校必须要发挥那种实际上的作用。”[②]显然，巴格莱同意教育可以缓解甚至消除社会的价值冲突，有效地保持社会稳定。杜威（John Dewey）也明确指出，从“个人主义观点”去看学校，关注个别儿童的进步，而没有看到学校与社会进步的关系，这种想法是“狭隘的、不恰当的”。[③]

同时，受教育者在实现私人教育投资收益的同时，因为自身综合素质的提高而可以在各自的岗位上发挥更大的作用，从而为社会创造更大的贡献，这是受教育者外部性的一个主要方面。其外部性的第二个方面表现在社会个体的教育水平与社会文明程度之间的高度相关关系。教育使社会个体遵纪守法，相互间充满着关心、友爱和和谐，自觉共同维护和爱护他们生活和工作的良好氛围。其结果必然有助于社区治安环境的改善和人文环境的和谐，由此降低了社会的“维持成本”，它同时也使人们更能具有良好的心情创造性地投入工作，从

① [美]米尔顿·弗里德曼著，张瑞玉译：《资本主义与自由》，84页，北京，商务印书馆，1986。

② 陆有铨：《现代西方教育哲学》，115～116页，郑州，河南教育出版社，1993。

③ 杜威：《学校与社会进步》，见华东师范大学教育系、杭州大学教育系编译《现代西方资产阶级教育思想流派论著选》，15页，北京，人民教育出版社，1980。

而提高了劳动生产率，提高了社会资源的“配置效率”。①

正是由于教育产品具有巨大的外部效益，往往使得市场对这种产品的资源配置严重不足。因此，政府通过补贴、资助，或直接供应教育等方式进行的治理行为就是必须而合理的。

二、教育的“邻近效应”

教育的邻近效应是指教育领域内相邻利益主体间的利益失衡现象，即一方利益的增减，直接涉及另一方利益的增减。它表现的强度越大，相邻主体间的摩擦和冲突也越明显，为此所付的调节成本也就越大。“邻近影响”的存在，即教育的公共产品性质。教育产品是一个具有较大正外部效应的公共产品。教育产品的社会收益大于私人成本。私人生产者和消费者在生产和消费教育产品的同时也会给社会其他成员带来较多的好处。社会其他成员不花费任何代价就可以从教育产品的私人生产者和消费者那里获取一定的好处。因此如果从教育产品的公共产品属性出发，把提供教育产品看作政府的事情，教育不应该也不可能成为一个以营利为目的的产业。

从教育供给者角度分析，它表现在两个方面：一是地方政府之间的邻近效应。地方政府作为教育经费支付主体时，教育的收益往往会溢出辖区边界，使其他地区受益。② 尤其是在地区经济差距不断扩大的背景下，不发达地区培养的人才将有可能在其他辖区就业，不发达地区地方政府承担了教育成本却无法获取相应的教育收益。反之，对于发达地区来说，它们在没有支付不发达地区教育费用或给予相应补偿的情况下，却享受到了不发达地区教育投资的收益。二是中央政府和地方政府之间的邻近效应。中央投资公共教育，目的在于实现国家的整体利益，提高整个社会的教育水平和文明程度。教育的社会化功能可以将民主的价值准则和标准内化于社会成员，从而达到培养自由公民，维护民主社会秩序稳定的目的。杜威认为：“如果没有我们通常所想的公共教育，没有

① 洪世勤：《基于农村义务教育外部效应分析的激励性规制研究》，载《统计教育》，2007(9)，55页。
② 李祥云：《论义务教育财政转移支付类型与不同政策目标组合》，载《教育与经济》，2002(4)，32～36页。

我们所想的家庭教育和学校教育,民主主义便不能维持,更谈不上发展。教育不是唯一的工具,但它是第一的工具,首要的工具,最审慎的工具,通过这种工具,任何社会团体所珍视的价值,其所欲实现的目标,都被分配和提供给个人,让其思考、观察、判断和选择。"[①]因此,国家对于教育的供给或资助,是一种发扬和加强民主的有效方式。

解决教育的邻近效应引起的教育资源不合理配置的关键是通过提供一种制度安排使公共教育的邻近效应内在化。一种方法是重新调整各区域的面积,使其刚好与公共教育所覆盖的收益范围相同,即达到奥茨(W. E. Oates)所谓的"完全一致"。另一种极端的手段就是由中央政府提供所有公共产品或服务,这样做固然可以解决邻近效应问题,但由中央政府统一提供地方性公共产品会带来效率损失。[②] 实践证明,改变辖区面积与由中央政府统一提供都不是解决教育的"邻近效应"问题的切实可行办法。美国联邦政府或州政府必须重视教育的邻近效应,并通过财政转移支付给有关地方以补偿,从而解除邻近效应引发的教育治理危机。

三、教育的"经济效应"

人力资本理论认为,人力资本的投资是效益最佳的投资。舒尔茨(Schultze)对1929—1957年美国教育投资对经济增长的关系做了定量研究,得出如下结论:物质资本投资获得的利润增加了3.5倍,而教育投资获得的利润却增加了17.5倍;各级教育投资的平均收益率为17%;教育投资增长的收益占劳动收入增长的比重的70%;教育投资增长的收益占国民收入增长的比重的33%。[③]从60年代初到80年代初,日本的教育费用增加了37.6倍。日本对教育的投资为其经济增长提供了强有力的智力支撑。美日经济的持续增长,使人们意识到教育不仅可以促进人的全面和谐发展,还可以促进经济发展和社会繁荣,可以说,教育是一个重要的投资领域。

---

① 杜威著,傅统先译:《人的问题》,27页,上海,上海人民出版社,1965。

② 钟晓敏:《政府间财政转移支付论》,33页,上海,立信会计出版社,1998。

③ 胡丹丹:《教育的经济贡献研究》(硕士论文),8页,北京,首都经济贸易大学,2006。

在西方社会，政治左翼和右翼在很多问题上歧见颇深，但对教育政策的态度却达成了一致共识：在新的世界经济竞争中，教育与职业的关系将更加紧密，教育制度完全从属于经济效用而成为21世纪经济繁荣的必要条件。西方新马克思主义者霍尔塞（A. H. Halsey）、佛劳德（J. Floud）也认为，“教育是开发现代技术的一种决定性投资类型，这个事实构成了所有重要工业社会教育发展的基础……教育占据了作为技术革新资源的无与伦比的经济意义”。① 著名经济学家萨卡罗普斯曾对60多个国家的教育收益率进行估计。他认为，非洲的教育对经济增长的贡献率为17.2%，亚洲为11.1%，拉丁美洲为5.1%，北美和欧洲为8.6%。②

苏联著名学者斯特鲁米林运用劳动简化率算得苏联1940—1960年间国民收入增长额中有37%是由于教育投资提高了劳动者整体文化程度而取得的。战后日本经济和亚洲“四小龙”经济的飞速增长，成为教育投资促进经济增长的成功典范。在我国，有学者对浙江教育投资带来的经济增长分析中发现，1997—2009年期间，教育投资对经济增长的贡献率在6.8%到8.1%。整体上讲，我国20世纪90年代以来教育投资对经济增长贡献率大致在15%左右，印证了人力资本投资对经济增长的贡献。③

教育促进经济增长，已成为世界性的共识。在国家诸多目标中，经济发展是最重要的目标，因而国家干预教育、推行“教育国家化”具有正当性与合法性。当然这并不意味着国家就可以控制学校，国家通过某种补贴的方式也可能达到相同的目标。

四、教育的“政治效应”

人是一切社会关系的总和，而且总是作为一定的社会中的人而存在。在阶级社会中，一切的人都从属于一定的阶级，为一定的阶级利益服务。学校教育

① 钱家琪、朱旭东：《经济全球化对民族国家教育的挑战——西方新马克思主义教育观评析》，载《比较教育研究》，1998(6)，1～7页。

② 曾昭耀，等：《战后拉丁美洲教育研究》，376页，南昌，江西教育出版社，1994。

③ 俞书傲、刘天森：《浙江省教育投资对经济增长贡献探讨》，载《现代商贸工业》，2012(6)，61页。

通过传播思想、形成舆论作用于一定的社会政治制度,并为相应的阶级制度培养所需人才。显然,教育的政治效应对政府具有重要作用。教育的政治效应主要是指教育服务的公共性。笔者以为,“公共性”的内涵可以从四个方面来理解:

第一,公共性是一种批判性的公共言论。

第二,公共性涉及国家管理,这种公共性规定了国家管理为公,市场和家庭领域为私。

第三,由自我授权的非营利性组织参与界定新的公共性,强调了非营利性组织的自治空间。

第四,公共性是建造城市的象征展现,具备不可或缺的政治原则:“公共性界定的关键……在于其政治的特质……因此,公共性其实就是政治,公共关系论述实际上就是政治论述。自我授权的共同体重新界定公共性的过程,更关系着集体动员的政治过程。公私区分正是既定权力关系下的政治论述。”[①]在现实中,政府扮演对孩子和其他对自己行为不负责的个人、家庭的监督者。由于绝大部分教育服务都是家长直接代替接受教育的小孩购买的,作为真正的教育产品的消费者,儿童等未成年人并没有真正的教育消费的欲望,甚至是被动、强制接受消费的,因而不仅没有支付能力,而且也没有消费决策能力。那些对社会不负责任的人,绝大多数不愿接受教育消费,更不愿意支付教育消费。因此,对儿童、少年等未成年人和不负责任的人实行家长注意是必要的,为这些强制消费的教育支付费用理所应当成为政府的事情。

另一方面,教育具有技术垄断的特点。由于教育产品生产要素构成的特殊性,作为教育产品最主要的生产要素——教师,本身不是普通的劳动者,而是具有一定的天然禀赋的特殊劳动者。因而教育部门在技术上具有一定的垄断性,并且由于商品经济时代教育产品需求弹性小、收入弹性大的特点,由于政府提供教育产品低价或以转移支付的方式给普通消费者,不仅能够保护学生、家长的消费权益,而且也能够增加社会总需求和社会的福利水平。因此,本研究认

① 夏铸久:《公共空间》,14页,台北,台北艺术家出版社,1994。

为,教育的公共性符合第二条和第三条的界定。具体分析,教育的公共性可以从两个方面来理解:一是政府的权力是人民授予并委托执行的,应按照社会的共同利益和人民的意志,从保证公民教育权益的基本点出发,制定与执行公共教育政策。二是政府与其他主体生产和提供公共教育的目的是为了公共利益、公共目标、公共服务以及创造具有公益精神的意识形态等。

公共教育的公共性往往通过“教育公益性”来表达。对此,有学者认为,“教育公益性”主要反映在五个方面:(1)符合社会公共利益;(2)不以营利为目的;(3)由国家举办;(4)追求平等;(5)强调非经济价值取向。①

从实质上来看,无论是教育的公共性还是教育的公益性,都需要通过政府这一通道去实现。因为公共教育是“靠公权来推行”,公权是组织教育的主体,是教育的经营者。② 所以政府主导公共教育治理就是必不可少的。具体观点包括:

(1)政府能够消除妨碍不同的教育供给主体自由进入教育市场的壁垒,并向生产者和消费者提供充分的教育市场信息及相关知识。

(2)政府可以保障必需的市场竞争,并使教育市场中的交易各方受到法律的保护。

(3)当教育市场失效时,政府可以提供解决方案甚至直接生产公共教育物品。

(4)政府可以按照教育公平的要求调整学校教育资源的配置,以实现公共教育的良性运行。

(5)政府可以保障教育机会、稳定教育消费水平、适度扩大教育规模,这是教育市场难以提供的。

(6)政府在公共教育的公共性与公共利益的持续存在方面起决定性的作用,如此等等。

不过,政府干预教育的基本手段是制定和实施教育政策。教育政策的制定

---

① 杨晓霞:《论教育公益性与产业性关系的理论基础及现实意义》(硕士论文),2～4页,武汉,华中师范大学,2003。

② [日]久下荣志郎等著,李兆田等译:《现代教育行政学》,196页,北京,教育科学出版社,1981。

以集体作为决策主体，以教育公共服务为对象，并通过一定政治秩序的政治市场来实现。因此，教育公共服务的决策是一个十分复杂的过程，存在着种种困难、障碍或制约因素，使得政府难以制定并实施好的或合理的教育公共服务政策，常常出现决策失误。

第二节 政府供给教育的逻辑与机制

如果教育不具有外部经济效益，教育服务和人力资本可以作为抵押品，而且教育服务的质量、度量和考核是容易进行的话，那么教育市场就能引导教育资源的有效配置。然而实际情况并非如此，所以政府要干预教育，参与教育服务的提供和生产，这是从资源配置的效率方面来考虑的。但是，政府干预教育是基于效率和公平两方面的原因，尤其是义务教育供给更需要如此。

一、政府供给教育的逻辑

政府供给就需要理清各级政府关于教育提供生产的责任、管理权力的划分制度和实施体系。在一国内各地方政府参与供给义务教育，除了要划分举办教育的主要责任和管理权力之外，还包括转移支付制度和体系。教育财政转移支付制度是供给教育责任和权力划分的主要表现。政府供给作为一种制度安排，意味着“一套或隐含或明示的原则、规范、规则和决策程序，行为主体们的期望即以之为中心而靠拢”[①]。政府供给遵循的是国家逻辑，政府是提供教育服务的主体，教育的一切活动由国家来安排，用立法手段保证国家对教育的影响与控制，用行政手段发展公立学校，确立国民教育制度，通过从上至下的层级控制实现国家对教育的干预与管理。

实际上，各国义务教育供给的生产、提供制度更多的是从两级政府的建构思路出发，即中央与地方。那么供给责任和权力的划分在既定的政府管理体制、政府结构下，决定教育供给体制的主要因素是教育服务的受益范围、教育服

① ［美］詹姆斯·N.罗西瑙著，张胜军、刘小林，等译：《没有政府的治理》，8～9页，南昌，江西人民出版社，2001。

务的区域外溢性、地区的经济发展、政府的财力情况、地区人口规模和人口密度、各类学校的规模效益情况和学校的最佳规模情况、政府管理成本,以及其他各种公共产品的提供、生产情况等。

政府供给教育方式的确立,往往取决于政府所需要实现的教育目标、拥有的教育资源以及对于自身能力的判断。教育目标是指政府在某一特定阶段发展教育的需求,这种需求往往是与国家利益联系在一起的。在建国初期,我国社会急需人才时,特别注重教育效率,往往以牺牲教育公平为代价。在当时教育资源稀缺的背景下,政府运用行政权力使有限的教育资源实现最大的教育效益,以满足国家和社会对教育的需求。具有垄断性的政府供给教育的机制在我国得以确立。需要指出的一点是,政府为了实现某种教育目标而选择供给方式,是一种工具理性的行动。因为,政府对人们在义务教育上的价值和偏好都完全清楚,并能根据福利最大化原则将这些价值和偏好进行排序;政府对满足自己的每一种偏好和价值的每一种可能途径都完全清楚,并能清楚地计算出每一途径需花费的成本,从而选择最佳路径。在政府供给过程中,国家对教育有着当然的职责,政府对教育的干预也是一种必然。国家观念在供给中得以有效体现,它强调教育福利的再分配、教育机会均等等目标,主张公立学校教育对社会文化传统、共同价值观念、政治道德认识的继承与传递,从而保证社会的秩序与稳定。

二、政府供给教育的理念

供给理念是政府干预教育的一种价值取向。它包含政府倾向教育效率还是倾向教育公平的选择,也包含政府干预教育的手段是政府全程控制还是允许其他主体共同参与管理的选择。这种供给体现的是政府的“完全理性”,是政府的正确选择。否则就需要在政府空隙之间实现新的制度安排,也可能需要采纳新的方式解决两个或更多政府出现重叠、冲突的问题,还有可能需要出台新的调解相互竞争的利益之间的矛盾的原则、规范、规则和决策程序。政府为了实现提供教育服务职能,将权力高度集中,统一配置教育资源时,一种实现这种职能目标的机制——政府供给教育机制就出现了。

“二战”后的20多年,西方国家开始推行凯恩斯主义与福利国家政策,致使国家对经济活动的干预增强,各国纷纷加紧了对公共教育的管理。教育公共服务的特点是政府垄断。具体体现为:(1)面向社会所有的集团,服务于不同的社会需要,服务于整个民族,或者说以统治阶级利益为代表的国家利益。(2)不再任由个人和私人集团所左右,也不再是市民社会自发发展的过程,而成为一种自上而下发展,由国家科层机构负责管理的制度。(3)公共教育迅速发展,义务教育全面普及。(4)以法律的形式规定实施免费义务教育。关于免费教育最重要的国际宣言是1948年联合国的《世界人权宣言》。其第26条为:“人人都有受教育的权利,教育应当免费,至少在初级和基本阶段应如此。”同样,1959年的《儿童权利宣言》强调:“儿童有受教育之权,其所受之教育至少在初级阶段应是免费的和义务性的。”如出一辙的是1966年的《经济、社会和文化权利国际公约》,其13条规定:(1)初等教育应属义务性质并一律免费。(2)各种形式的中等教育,包括中等技术和职业教育,应以一切适当方法,普遍设立,并对一切人开放,特别要逐渐做到免费。(3)高等教育应该根据成绩,以一切适当方法,对一切人平等开放,特别要逐渐做到免费。

在福利国家的福利政策中,教育机会均等就成为教育事业发展的一个响当当的口号及崭新目标,公立学校教育实施了免费教育,从学费到午餐费,从学校校车到学生校服无不由政府财政负担,公立教育更加成为政府包揽一切下的一项官僚垄断事业。以至弗里德曼在谈到美国公立学校的这种情形时,曾形象地比喻公立学校制度是游离于整个资本主义市场经济之外的一个“计划经济”孤岛。

从公共行政理论出发,政府干预教育是对传统行政理念的现实继承。林德布洛姆等人提出的“完全理性”(Total Rationality)概念,对于解释传统政府为什么干预教育以及如何干预教育有很大的启示作用。林德布洛姆的“完全理性”模式具有三个典型的特征[①]:

第一,目标和手段的分离。林德布洛姆等指出,完全理性模式在逻辑上和

① 林德布洛姆:《“竭力对付”的科学》,见彭和平等译《国外公共行政理论精选》,219～222页,北京,中共中央党校出版社,1977。

现实中，将政策目标和手段相分离，并认为明确的目标是政策分析的前提。因而，政策选择总体上分为两个阶段，即“首先要把目标分离出来，然后寻找达到目的的手段”。

第二，完全的理性。完全理性模式假定选择是系统比较和择优的一个过程。因而，在选择时，要求人拥有完全的理性，即从认识能力来说，人们具有识别任何问题的能力；从信息来说，人们也拥有能够分析问题与手段、手段与目标之因果关联的理论知识，同时能够获取一切所需的信息（如价值、手段、成本、效益等）。

第三，官僚体制的协调。完全理性模式假定人们对于社会价值可以达成共识，而这个共识的达成不仅需要系统的算计和比较，而且需要一个正式的社会体制来进行协调。当所有个人的价值被协调进一个“中心权威”之中，由后者来进行综合的权衡和决定。

政府的“完全理性”在教育供给中何以体现呢？当“完全理性”与国家逻辑相结合时，政府提供教育就必然会出现：公共教育是国家分内的事务，是国家必须为公民提供的一项基本服务。只有政府才能保障公民的基本教育权利。这种认识一直是义务教育发展的主流意识与发展趋势。因为政府提供教育隐含着四种假设：(1)社会只有两个主体，一端是市场，另一端是政府，发展义务教育的职能应该由政府承担。(2)政府代表多数人的利益，因而政府举办义务教育更能体现教育的公共性或公共利益。(3)政府是超人，政府更明智，政府在集体理智上比市场中的个人要强。(4)政府的运作是高效的，低成本的，政府提供受教育机会时更为平等。

三、政府供给教育的机制

“供给机制”即制度安排，是指政府提供教育过程中不同主体之间的权责配置及其相互关系。秉持“完全理性”的政府供给模式，提倡政府主导和控制义务教育。政府选择了义务教育发展的主导权，意味着代表公共利益的政府选择是一种集体选择。“集体选择”在这里被窄化，指的是政府选择。它不是人们为了解决共同问题而采取的“集体行动”，而是“政府行动”。因而，政府成为义务教育供给行动的唯一主体。其理由主要是：

(1)政府是全民的代表,能够以全体人民的名义来从事某种活动。"供给"虽然可以理解为人类所采取的"集体行动",但是这并不意味着人民必然亲自参加这个"集体行动"。更为经常的是,出于效率的考虑,在现代社会,人们也不能亲自参与"集体行动"。因此,人民的"集体行动"是以政府为代表进行的;而政府作为人民的代表,其行动本身就是"集体行动"。

(2)政府的合法性基础在于解决人民所面临的凭借个人力量所不能解决的公共问题。

(3)政府拥有"供给"所需要的全部资源,尤其是公共权力、财政、信息和组织、人力资源。政府能够采取强制措施,要求人们得为或不得为某项行动。

政府为什么不允许其他主体参与提供义务教育服务呢？按照经济学的观点,政府是根据理性进行抉择的。因为政府不仅具有独立意志与独立行动的能力,而且政府具有目标最大化的动机。义务教育目标与抉择主体政府自身的利益相关,政府受到自我利益的驱动。① 政府的自我利益一般表现为"公共利益或国家利益"。当政府试图(或者是短期)最大化地去实现公共利益时,这种行为就是一种理性行为,正如经济人力图最大化自己的利益一样。政府在算计提供义务教育服务时,认为由自己提供和生产所消耗的资源比让渡给其他主体进行生产所耗费的成本低。

政府算计的结果,通过制度安排来确立供给过程中各主体间权责配置及其相互关系。这种制度安排经常借助一般国家制度和教育管理制度来体现。在政府供给中,教育管理制度与一般国家制度表现出一致性,即以层级控制的官僚体系为基础,使得国家成为义务教育服务的提供者与生产者。这种规范性组织在结构上具有一系列特征②：

第一,强调官僚制权利结构的重要性。在等级制里,组织对不同的职位有一系列正规的要求。这种金字塔形的结构以授予职务的合法权利为基础,不同

① Edgeworth, F. Y. , *Mathematics psychics*, London, Kegan Paul,1881,p. 16.

② [英]托尼·布什著,强海燕译:《当代西方教育管理模式》,52 ~ 53 页,南京,南京师范大学出版社,1998。

领导人在一系列的指挥链中占有职位。职位占有者要对他们的上级负责,要使上级对他们的行为感到满意。在教育机构里,教师对他们的领导负有责任。

第二,强调组织的目标定向。组织是为那些处在金字塔顶端的领导所限定的目标服务的。在学校里,目标主要是由校长决定的,而且其他人员会毫无疑问地认可和赞同这一目标。"政府供给模式认为学校组织有一个共同的目标。为了实现这个目标,被认可的领导行使他们的法定权力来指挥所有学校教职员工的工作……因为在任期内他们拥有职位。"①

第三,主张根据专长来对专业人员进行劳动分工。

第四,在政府中,决策和行为是由规章制度而不是由个人的倡导来决定的。正规的不受个人情感影响的规则的优点是:这种规章确保了一定程度的操作统一性,并与权力结构一起使各种各样活动的协调成为可能。这种规则不受个人变动的影响,确保了一定程度的连续性和稳定性。学校很典型地应用了规章制度来调节、约束学生的行为,并常常用教师手册之类的"官僚方法"来指导教师的行为。

第五,强调工作人员与工作对象之间的非个人关系。这种构思是想把个人因素对决策的影响限制到最低程度。

第六,政府供给中,教师的招聘和专业发展是由他们的工作业绩决定的。任命在资格和经历的基础上进行考虑,晋升要根据当前或先前任职的业绩。在那些正规的竞争程序中,学校严格贯彻教师任命和晋升的标准。然而,内部的提拔往往根据校长的推荐,而且可能没有正式遴选程序。

显然,政府供给中的制度安排有利于推行义务教育的标准化、普及化,有利于公民获得均等的教育服务。对其负面作用的影响,有学者指出,"所有的学校都是官僚制的,通过规章制度管理成员的行为。结构是等级性的,而且有与各种角色相一致的正式的和非正式的行为规范……官僚制的学校机构有一个难

① Ferguson, C. ,*Alternative organizational structures in higher and further education*, vol. XII, Coombe Lodge Report, No. 12, p. 535.

点，即官僚制及其生存变成了它们自身的目的，而学校的目标却成了次要的东西。"[①]不过，"虽然官僚模式不能完全适用于学校管理，但是官僚制的观点能够对教育机构的主要管理过程和管理理论做出很好的解释。我们学校的管理不仅取决于管理理论，而且也取决于等级制管理的实践。但是官僚模式也引起人们注意贬义的管理主义概念，在这种情况下，管理者、组织、系统以及官僚制本身的人为要求取代了儿童的真正需要"。[②]

四、政府供给教育的方式

我国教育领域中计划经济的管理模式占据着重要地位。从教育供给的角度来讲，表现为：具体的教育单位根据自身发展状况、已有的专业设置向国家提出投资申报计划，其毕业生通过指令性的分配计划就业，教育单位的运行状况与社会教育需求没有约束性关系。教育单位运行所产生的教育供给数量多少、结构如何，仅取决于教育单位的自身状况和所获得教育投资的多少。这样，教育供给可能出现与社会需求无关的无效供给，也可能导致政府难以从宏观上控制教育无效供给的产生。[③] 在现行财政分配制度下，居民个人手中财富的份额增加，计划生育的实施导致受教育者个人的教育投资能力增强，企业员工持证上岗成为一种就业准则等因素，使得教育需求更趋旺盛。在教育需求增加及需求结构改变的情况下，既有的教育管理体制不利于教育有效供给的形成，具有地方特色的学校教育难以发展，分配制度的平均主义又难以提高教职工的积极性。那么政府选择教育供给方式的妥当与否，成为解决教育供给与教育需求矛盾的关键环节。

（一）教育供给方式的划分

供给方式属于操作层次，即手段技术层次，指的是政府为了有效干预区域

---

① Holmes, M. and Wynne, E., *Making the School an Effective community: Belief, Practive and Theory in School Administration*, Lewes, The falmer Press, 1989, pp. 63 – 64.

② Osborne, A., "The nature of educational management," *Education Management for the 1990s*, eds. B. Davies et al., Longman, Harlow, 1990, pp. 9 – 10.

③ 翟静丽：《教育有效供给与教育体制改革》，载《教育与经济》，2001(1)，46 页。

教育而采取的行动策略或方式。在我国,供给方式往往指政府实现其供给目标所采取的方式。这些方式通常被称为"政府手段"或"行政手段"。虽然我国的供给方式研究少见,但是从相关的"行政手段"的研究中分析,我国政府采用的供给方式基本为四种。

表 3.1　我国常见的政府供给方式

工具类型 定义特征	行政手段	经济手段	法律手段	思想教育手段
定义	凭借政权力量,依靠从上到下的行政组织制定、颁布、运用政策、指令、计划的方法,来实现目的	利用各部门及其活动的经济利害关系来制约相互间的活动	依照法定职权和程序,把国家法律、法规实施到具体的行政活动中,以达到目的	依靠宣传、说服、沟通、精神鼓励等非强制手段,使行政人员和管理对象自觉自愿地去从事政府所鼓励的工作或活动
特点	权威性 指令性 局限性	简政放权、政企分开 宏观调控、制定政策	法制性 强制性 执行性	非强制性
形式	行政命令 行政引导 行政信息 行政咨询服务		行政决定 行政检察 行政处置 行政强制执行	启发教育 说服劝告 建议协商 树立典范 舆论抑扬

资料来源:全国公共管理硕士教学指导委员会:《行政学考试指南》,283～286 页,北京,中国人民大学出版社,2003

根据义务教育供给的特征,政府提供义务教育服务方式的划分更需要把握

供给方式的关键特征。借用萨拉蒙和郎德的研究,这些政府供给教育方式的主要特征为①:

第一,政府活动的性质。政府活动的性质是指政府有效提供教育服务的手段或方式的类型。政府活动的性质之所以重要,是因为它不仅决定教育事务的处理方式和运营特征,而且决定着所涉及的参与者的特征。

第二,教育服务提供系统的结构。供给方式不仅涉及某种特定的活动或活动组合,而且也涉及物品和服务的提供机制。在某种程度上,教育服务提供系统由政府活动的性质决定。如助学贷款,可以通过政府金融机构也可以通过私人金融机构来进行。

第三,集权化的程度。集权化程度涉及的是政府的控制权力的集中状况。它有时包含在提供系统的结构中。因为,直接提供系统似乎比间接提供的集权化程度要高。然而,集权化程度并不与直接/间接提供系统完全对应。同样是直接提供系统,有些中央直接提供的教育服务项目的集权程度较高,而有些集权程度会低一些。反之,在间接提供系统中,同样存在着集权程度大小的差异。

第四,自主性。自主性涉及的是供给方式对具体的行政行动的要求程度。有些供给方式的自主性高,几乎不需要政府采取行政活动便会自动运行,而有些供给方式则要求不断的、具体的行政行动。自主性的理解还可以与市场、志愿性组织等非政府机制相关。一般来说,那些无须政府干预、直接依照市场或志愿性组织即可运行的供给方式,其自主性高;反之,在市场和志愿性组织不能发挥作用的领域,供给方式的自主性就低。一般而言,民营化的支持者们喜欢自主性高的供给方式,偏爱私人市场和非行政过程;民营化的反对者则害怕这种市场,因为它可能会导致不平等或无效的结果。

根据上述供给方式的关键特征,以及市场经济中教育物品的表现形态,为了进一步研究供给方式与教育供给之间的相互关系,将供给方式分为十种。

---

① L. Salamon and M. S. Lund, *Beyond Privatization*, Washington, DC, Urban Institute Press, 1989, pp. 34–39.

表 3.2　萨瓦斯的供给方式分类与物品之间的关系

物品性质 供给方式	私人物品	收费物品	公共物品	公共资源
政府服务	√	√	√	√
政府出售	√	√		
府际协定	√	√	√	√
合　　同	√	√	√	√
特 许 权	√	√		
赠　　予	√	√		√
有价证券	√	√		√
市场系统	√	√		
志愿服务	√	√	√	√
自我服务	√			

资料来源：萨瓦斯著，周志忍，等译：《民营化与公私部门的伙伴关系》，92 页，北京，中国人民大学出版社，2002

从上表我们发现，适用于公共物品的供给方式有政府服务、府际协定、合同、志愿服务四种，适用于公共资源的供给方式有政府服务、府际协定、合同、赠予、有价证券和志愿服务六种。依据义务教育是一种准公共物品的特性，那么适用于义务教育供给的方式至少有四种：

（1）政府服务，即义务教育服务是由政府部门提供的，政府同时扮演了服务安排者和服务生产者的角色。

（2）府际协定，这里是指中央政府与地方政府之间商定协议，一方安排并购买另一方生产的义务教育物品和提供的服务。

（3）合同，即政府和公民个人、营利性经济组织或非营利组织签订关于义务教育和服务的生产合同。公民、营利组织和非营利组织是具体的生产者，政府则是义务教育需求的确认者、购买者、检查者与评估者，以及资金支出者。

（4）志愿服务，这里主要是指非营利组织，所涉及的区域教育生产和服务带有私益物品的性质，具有一定的排他性。

(二)教育供给方式的选择

政府对于供给方式的选择,可以被理解为政府根据确定的目标和价值系统对那些能最大化实现这些价值和目标的手段的选择。这种选择在本质上是一种计算行为,即在所有的备选供给方式中,算计并确定哪个可以达到目标或价值曲线上的最高点。在政府供给中,供给方式的选择是政府为了实现有效提供教育服务而对供给方式进行选择的过程,凸现了政府在选择供给方式中的作用。

对于选择供给方式的标准,我们一般是按照供给方式的绩效来进行的。

按照胡德的研究,供给方式的选择应具有四个基本标准①:

第一项标准是在任何情况下,必须在对所有能完成工作任务的被选方式进行比较审查的基础上进行选择。这个标准要求是对供给方式选择的程序进行审查。也就是说,供给方式的选择必须是理性的。这就要求:(1)确定所要实现的目标;(2)界定所有能够实现预定目标的供给方式;(3)估计每种供给方式可能带来的结果;(4)选择那个最确定、能最大程度获益或付出最小的供给方式。

第二项标准是供给方式应该与工作任务相匹配。没有一种方式能适合任何情境,因此政府应该了解哪一种情境中最适合哪一种工具。胡德引用了梅恩兹(Renate Mayntz)的研究成果,指出:(1)当政府面对的是组织网络时,劝说、指导和一般性的标准比直接的行动或官方权威更加有效;(2)如果政府的目标是引导志愿性的行动而非服从时,运用权威来进行命令或禁止似乎不太合适;(3)对于那些再分配的任务,最好采用"硬性的"管制方式;(4)当政府在某个特定的环境中采用了多重性质的手段时,再增加其他的方式,这些工具的效果可能为零甚至是负面。

第三项标准是供给方式的选择不能是"野蛮的",它必须符合某些道德准则(如正义、公平等)。

第四项标准是经济,即最低程度地耗费政府的资源。胡德指出,仅有效能

① C. Hood, *The Tools of Government*, London, Macmillan, 1983, pp. 133 - 152.

是不够的；预期效果必须最低程度地耗费政府的官僚资源。而经济的标准很多，至少应满足以下要求：(1)将政府为完成特定任务所需的努力、花费和人力资源最小化；(2)尽量使用“偶然耗尽的资源”(如权威和信息资源)，尽量避免“本质上容易耗尽的资源”(组织资源和资财资源)；(3)尽量使用低约束的手段(如信息和资财)，尽量不使用高约束的手段(如组织和权威手段)；(4)尽量使用“方向性”的方式，而非“无方向性”的方式。

相对于胡德提出的供给方式的选择标准，由于直接将供给方式与绩效标准联系起来，萨瓦斯提出的选择标准更容易理解和操作。萨瓦斯提出的有关供给方式的10项绩效标准①是：

(1)服务的具体性。服务越是具体，管理的难度就越小；反之，管理的难度就大。

(2)生产者的可获得性。

(3)效率和效益。一般认为，自由市场、政府合同和代用券最有利于培育竞争，特许、补助、府际协定、政府出售和志愿服务的竞争程度要弱一些，政府直接服务几乎没有竞争，所以效率和效益均比较低。

(4)服务规模。

(5)收益和成本的关联度。

(6)对消费者行为的回应性。

(7)避免受骗的能力。

(8)多数人认为，市场体制本质上是公平的。

(9)种族公平。

(10)对政府指导的回应性。

① 萨瓦斯著，周志忍等译：《民营化与公私部门的伙伴关系》，93～102页，北京，中国人民大学出版社，2002。

表 3.3　不同供给方式的绩效特征

	政府服务	政府出售	府际协定	政府合同	特许	补助	代用券	自由市场	志愿服务	自我服务
具体性差的服务	＋＋						＋＋	＋＋	＋＋	＋＋
要求多个生产者				＋＋			＋＋	＋＋		
提高效益和效率		＋	＋	＋＋	＋	＋	＋＋	＋＋	＋	
规模经济			＋	＋＋	＋＋	＋＋	＋＋	＋＋	＋＋	
成本收益的关联度		＋	＋	＋＋	＋	＋＋	＋＋	＋＋	＋＋	＋＋
对消费者行为的回应性	＋＋			＋＋	＋	＋＋	＋＋	＋＋	＋＋	＋＋
避免受骗的能力			＋＋						＋＋	＋＋
促进收入的分配	＋＋		＋＋	＋＋		＋＋	＋＋		＋	
对政府指导的回应性	＋＋		＋	＋	＋	＋				
限制政府雇员规模				＋＋	＋＋	＋＋	＋＋	＋＋	＋＋	＋＋

注："＋＋"表示特征十分明显；"＋"表示特征不太明显；空白表示缺乏

资料来源：萨瓦斯著，周志忍，等译：《民营化与公私部门的伙伴关系》，102 页，北京，中国人民大学出版社，2002

从上表分析，政府服务、政府出售和府际协定是我国常用的义务教育供给方式。其中，政府服务的形式，揭示出我国义务教育产品基本上是由政府垄断生产和提供，由地方政府和消费者购买。但是由于政府供给义务教育的资源和服务质量难以达到消费者的需求，我国在 20 世纪末开始进行权力下放，也采纳了府际协定的形式发展义务教育，实际上就是教育分权。政府出售，是指政府机关将一定的义务教育资源的使用权出售给公民或其他社会组织，在我国最为典型的就是公办学校转制。而志愿服务虽然具有公益性特征，但是也具有一定的排他性，因此在我国采用较少。

政府供给机制中，其供给方式的选择是在完全理性的基础上进行的，而且是在国家逻辑的指导下进行选择的。供给方式的选择被高度简化，即选择的主体被假定为致力于实现教育公共利益最大化的政府，这个政府按照工具理性的要求努力发现一切能实现既定目标和价值的供给方式，并确定和选择那个能最大化实现供给目标和价值的供给方式。因此，政府往往选择政府服务和府际协定等供给方式提供义务教育。

第三节　财政分权的制度性分割与区域教育供给水平差异

一、财政分权的制度性分割对政府供给教育的影响

依据亚当·斯密的观点,“政府应当是市场经济的守夜人,而不是操纵者,政府不能愚蠢地去限制进口或限制一个产业,不能对合理的市场行为横加阻拦。”[①]然而,在具有公益性的教育公共服务领域,政府职能主要表现在三个方面:其一,通过提供公共产品和劳务来影响资源的配置,即政府的配置职能;其二,通过某些决策,力图改变已有的收入分配格局,即政府的分配职能;其三,就是经济稳定与经济发展职能,经济稳定包括充分就业、物价稳定和国际收支平衡等方面的标准。我国采取的是中央集权体制,政府的稳定职能和分配职能必须由中央财政来执行,中央政府负责提供全国性的公共产品,地方政府、财政只能从事配置活动,提供地方公共产品。因为地方财政有着更高的配置资源能力,他们提供的是最能反映居民个人偏好的产品组合。

根据产品的受益范围来划分,公共产品(准公共产品)可以分为全国性的公共产品(全国性准公共产品)和地方性公共产品(地方性准公共产品)。全国性的公共产品受益范围为本国的全体公民,地方公共产品的受益对象主要为本县(市、区)的居民。有时虽然义务教育的受益者主要为本地居民,但是仍然存在区域以外的溢出效应,受益范围超出本地区,向其他区域扩散。这种情况下,我们通常认为义务教育产品仍然是地方公共产品,但是存在区域外溢性或者空间外溢性。显然,从受益原则来考虑公共产品的提供与生产时,全国性的公共产品应该由中央政府提供生产,地方公共产品应该由地方政府提供生产,而且地方公共产品的受益范围应该成为确定地方政府管辖范围的主要因素之一。义

① 钟伟伟:《经济学原来这么有趣》,31页,北京,化学工业出版社,2013。

务教育作为一种准公共产品，由于各个地方政府所在区域经济发展水平、资源禀赋、文化传统甚至风俗习惯不同，各地的法律制度的需求会有差异，对义务教育产品的需求也不相同。

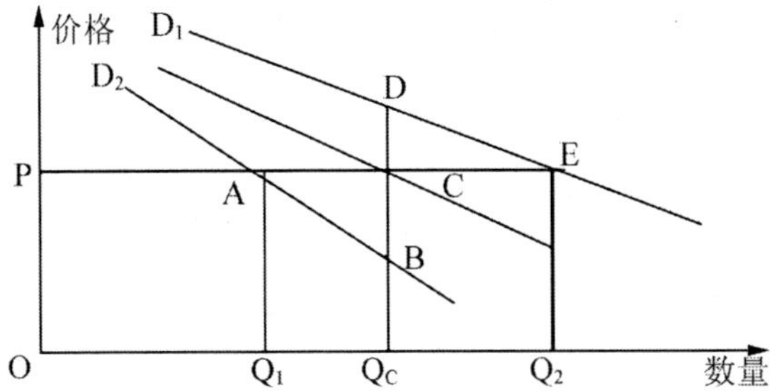

图 3.1 全国统一提供义务教育产品的福利损失

在两级政府结构中，由有地方政府来分散提供义务教育公共产品，为义务教育产品的数量和质量提供了更大的选择空间。为什么分散提供义务教育的社会福利水平较高呢？现在假定只有两个地区、两个地方政府，每个地区居民对义务教育的需求曲线是相同的，但是不同地区的需求不相同。如图 3.1 所示，第一个地区的曲线为 D_1，第二个地区的曲线为 D_2。再假设不存在义务教育供给中的规模效应，边际成本也就是平均成本曲线为一条水平直线。

显然，第一个地区义务教育供给的理想水平为 Q_1，第二个为 Q_2。在集权政府体制下，政府提供的义务教育水平是单一的，是 Qc。在这一供给水平下，第一个地区的福利损失为图中三角形 ABC 的面积。这代表政府提供的义务教育需求超出了本地区居民消费的最优水平，这是由于边际成本超过边际收益所致。

同样，对于第二个地区而言，中央政府统一提供的数量少于本地区的最优数量，边际成本低于边际收益，所以造成了第二个地区的福利损失，损失量为三角形 CDE。这就是奥茨分权定理：某种公共产品由地方提供比由中央提供有效率，“对于某种公共产品来说——关于这种公共产品的消费被定义为是遍及全部地域的所有人口的子集的，并且，让地方政府将该公共产品一个帕累托有效的产出量提供给他们各自的居民，则总量是要比由中央政府向全体公民提供任何特定的并且一致的产出量有效得多。”①

因而，我国义务教育供给采取两级政府同时提供，但中央与不同的地方政府在供给过程中的责任和权力是有所区别的。那么这种责任和权力如何划分呢？我国主要依据财政体制来确立中央与地方义务教育供给，特别是义务教育投入的责任和义务。1994 年，我国开始进行分税制改革，明确建立以分税制为基础的分级财政体制。改革目标内容有：

(1)按照中央和地方的事权，划分各级财政支出的范围；

(2)根据财权和事权相结合的原则，合理划分中央和地方的收入、中央财政对地方的税收；

(3)确定中央对地方税收返还的数额；

(4)处理原体制的中央补助、地方上缴及有关结算事项；

(5)建立过渡时期的转移支付制度。

分税制表面看来是将全部税种在中央和地方之间进行划分，以此确定中央和地方财政收入范围，实际上包含着分事、分税、分管三方面的含义。分事是把政府职能在中央和地方之间进行划分；分税是依照政府各自的职能，确定各级政府的预算支出范围，按照事权和财权相统一的原则，在中央和地方之间划分税种，确定各自的财政收入来源，并辅以财政转移支付制度，实现事权和财权的统一和平衡；分管是在分事和分税的基础上，进行分级财政管理，设立相应的实施机构，规范中央和地方政府行为。

我国的财政分权制度明确规定地方政府完全拥有地方开支的自主权，导致了富裕与贫困地区完全不同的地方政府行为：富裕地区地方政府为了吸引他们所需要的各种层次的高素质劳动力，不得不改善社会公共服务，如教育、卫生等，为了吸引外来资本，不得不改善当地投资环境、增加公共基础设施投资。在财政收入给定的情况下，改善当地的投资环境和提供以教育等为首的社会服务存在着此消彼长的关系，如改善投资环境有可能挤占社会服务的财政支出。因此，财政分权对于富裕地区公共服务的提供产生了双向影响。但对于贫困地区

---

① Wallance E. Oates, *Fiscal Federalism*, New York, Harcourt Brace, 1972, P. 35.

来说，由于居民的流动性较差和地方政府更感兴趣的是吸引外来资本，地方政府普遍忽视诸如教育、卫生等社会服务需求。因此，财政分权刺激地方政府发挥更大责任的领域可能仅仅是改善投资环境的公共开支这一项。另外，由于流动性较强的、较高素质的劳动力总是向富裕地区流动，无论贫困地区政府如何努力改善社会服务，但其质量与数量总是不如富裕地区，较高素质的劳动力就极有可能呈现出从贫困到富裕地区流动的单一方向。这将进一步减弱相关社会公共服务提供的积极性。①

显然，教育作为地方政府提供的准公共服务，受到财政分权制度的重要影响。早在1985年的《中共中央关于教育体制改革的决定》中明确的“三级办学，两级管理”在分税制实施后没有及时改变，乡镇政府承担义务教育的责任是“分级办学，分级管理”，其造成的后果影响深远。当时，我国很多县的乡镇财政相当薄弱，学校基建很少，拖欠教师工资现象严重，师资队伍很不稳定，学校公用经费靠学杂费维持。很显然，政府义务教育投资主体和办学主体的重心过低，办学主体过于分散，不利于上级（中央和省级）政府实行财政转移支付制度，对贫困地区实行救助。直至2001年《国务院关于基础教育改革与发展的决定》的颁布，确立了义务教育“在国务院领导下，由地方政府负责、分级管理、以县为主”的体制。此后，2006年修订的《义务教育法》开始调整中央与地方政府在供给教育过程中教育事权和教育财权的统一，力图缩小区域之间的教育供给水平差距。

在此，依据《中国教育经费统计年鉴》获得的政府对义务教育经费投入的数据，将教育财政分权指标在计算时使用的是各级政府对所有教育经费投入的数据，通过统计分析具体描述我国的教育财政分权情况。考虑到经费数据的获取情况，特选用两个教育分权的指标：中央与省及省以下政府间的教育分权、省本级与省以下政府间的教育分权。中央政府向地方政府（即省及省以下次级政府）分权的程度，等于国家财政性教育经费中来源于地方的部分；省本级向省以下地方政府分权的程度，等于1减去该省本级教育经费 ÷ 该省国家财政性教育经费（包括来源于中央政府和地方政府的经费之和）。由于无法获得所有样本

① 刘长生，等：《财政分权与公共服务提供效率研究——基于中国不同省份义务教育的面板数据分析》，载《上海财经大学学报》，2008（4），63页。

年份中央及省本级下拨的教育专款数据，在计算分权程度时没有包含不同政府级次间转移支付的问题。[①] 通过数据分析得出：

第一，中央政府向地方政府实施教育财政分权，不利于地区间教育均衡。

如图3.2显示，可以看到大多数省份，2006年各地区中央政府向地方政府教育财政分权的程度在90%至100%。部分省份该指标接近或等于100%，与指标计算时没有包括中央下拨的教育专款有关。北京市该分权指标非常低，仅为62%，可能是因为北京市有许多中央部门所属的中小学，这些学校由中央政府负责教育经费拨付。这种分权使得经济发展不平衡的薄弱地区的教育投入难以得到改善。

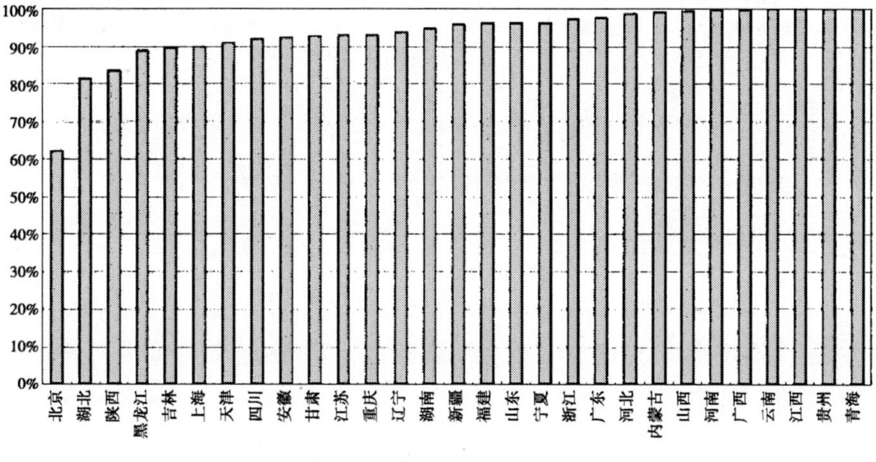

图3.2　2006年各地区中央政府向地方政府教育财政分权程度

第二，各地区省级政府向省以下次级政府教育财政分权有所减弱，次级政府负担的教育投入比例依然太高。

如图3.3显示，2006年各地区省级政府向省以下级次政府教育财政分权程度，除天津、上海、青海、北京外，其余省份该指标约为80%至90%。与前几年相比，省级政府承担了一定比例的教育投入，但是省级以下的县（市、区）等次级政府承担了主要的教育经费投入，其中安徽、湖北等中部省份向次级政府实施

① 李英蕾：《教育财政分权对中国义务教育供给效率的影响》（硕士论文），16页，上海，复旦大学，2009。

的教育分权程度最高。这种分权容易加速省内不同县(市、区)之间教育投入差距的扩大化。

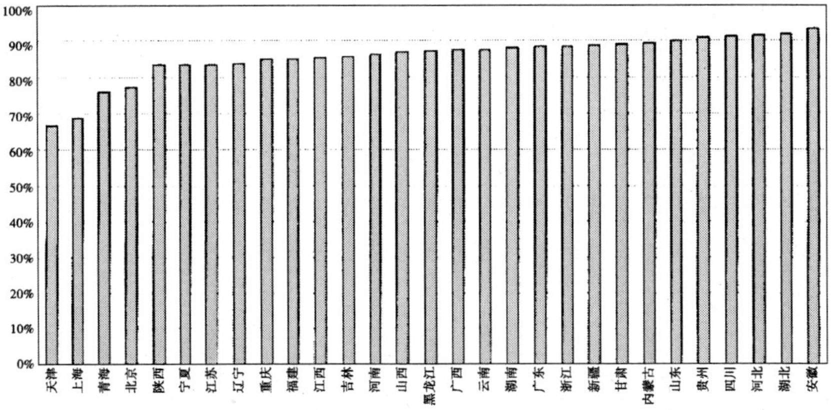

图 3.3　2006 年各地区省级政府向省以下次级政府教育财政分权程度

二、财政分权背景下的各地区教育供给水平差异

1. 地区间人均 GDP 差异造成地区间教育供给能力的差异

正如上文分析财政分权对地方政府教育供给所得的结论,中央政府不可能提供适合不同地区居民的义务教育消费需求,地方政府参与提供义务教育服务,不仅使得教育投资所需的资金充足,而且更能满足地区居民对教育的消费性需求。因而,21 世纪初确立的义务教育供给“以县为主”的体制后,县(市、区)人均经济总量(GDP)对义务教育投入水平的影响很大。在经济差距拉大的同时,县(市、区)教育供给水平的差距可能也会拉大。

表 3.4　2004—2008 年各地区人均 GDP 水平差距变化

单位:元/%

	均 值	标准差	最大值	最小值	极 差	极差率	变异系数
2004	15 305	11 953	44 806	3 034	41 772	14.77	0.78
2005	17 484	15 249	59 225	2 848	56 377	20.80	0.87
2006	20 508	18 231	65 159	4 303	60 856	15.14	0.89
2007	24 924	22 187	77 796	4 806	72 990	16.19	0.89
2008	28 580	25 891	98 008	5 744	92 264	17.06	0.91

地区间人均GDP差距的增大直接影响了地区间教育供给能力，各地区教育供给能力产生了较大的差距。比较典型的是发达地区有更充裕的财政能力支撑义务教育的提供和生产，能提供更优质的教育服务。在2004—2008年期间，各地区的人均GDP无论是绝对差距还是相对差距都在扩大，两者都成增长曲线趋势。五年期间，较发达地区的人均GDP与欠发达地区的人均GDP的差距保持在16.8倍。同样是提供免费的义务教育，欠发达地区只能在有限的教育投入情况下，较低水平地满足地区居民对教育的需求。

2. 地区间财政收入的差异决定教育供给的差异

根据谁受益谁分担的教育投资原则，义务教育供给在中央和地方政府就必须各自分担相应的教育成本。在现实的教育实践中，教育由于其产品具有受益的外在性，存在弗里德曼的“邻近效应”，各级政府作为公共利益的代表，往往承担了举办教育，尤其是义务教育的责任。教育供给水平显然主要受各级政府财政能力的影响，其中政府的财政能力又居于主要地位。

表3.5　2004—2008年各地区人均财政收入水平差距变化

单位：元/%

	均 值	标准差	最大值	最小值	极 差	极差率	变异系数
2004	613	546	2 614	152	2 463	17.2	0.89
2005	803	766	3 408	120	3 289	28.40	0.95
2006	1 170	929	3 888	252	3 637	15.43	0.79
2007	1 844	1 148	4 001	293	3 708	13.67	0.63
2008	2 001	1 264	4 911	416	4 495	10.68	0.63

较发达地区人均财政收入与欠发达地区人均财政收入的极差率高峰期达到28.4倍，五年期间平均差距为17.1倍。标准差也呈不断增长态势，2008年的绝对差距值为2004年的2.32倍。这样的地方财政收入差距必然导致地方政府提供教育服务的差异。贫困地区承担九年义务教育将会出现财政困难，超出其经济发展水平，这些地区的教育目标和需求是外生的，而不是区域内在的要求。因此，这些地区的教育供给要么中央和省级政府承担更多的责任，要么降低地方教育供给水平，使其适应该地区的经济发展水平。

3. 各地区城乡经济水平差异是教育供给水平差异产生的主要原因之一

城市化水平从多方面影响各地区的教育需求与供给，这里主要是从城乡教育管理体制与投资体制的差别来说明各地的教育供给水平差异。在“分级办学，分级管理”的管理体制与投资体制中，县办高中、乡办初中、村办小学的格局长期存在。在今天的“以县为主”的体制中，农村教育经费中相当大的一部分依然不是来自各级财政部门，而是直接与当地的税收相关。这样产生的一个直接后果是农村教育与农民的切身利益的关系更为密切。农村地区的义务教育供给在财政分权体制下，农村地区政府财政收入有限，其产业特点决定了财政收入直接与农民个人相关联。地方政府的投资基数小，投资总量偏少，教育需求与教育供给都处于不足的状态。而且教育需求与学生家庭财产状况直接相关，会产生城乡教育机会不均等和城乡教育差异扩大化的倾向。

在城市中，义务教育更接近公共产品。城市中的财政收入更多的是与工商企业相联系，与个人是一种间接的关系。同时，城区中的教育经费由各级财政负担，学生家庭承担较小的比例。这样在城市中，由于教育产品价格偏低，教育供给可能过度。再加上城市教育供给能力较强，城市中的教育供给水平不仅在量的发展上，而且在质的发展上与欠发达地区（农村地区）的教育供给水平的差距将会越来越大。

表 3.6　2004—2008 年各地区城乡居民收入水平差距变化

单位：元/%

	均 值	标准差	最大值	最小值	极 差	极差率	变异系数
2004	4 873	2 271	13 477	1 677	11 800	8.04	0.47
2005	5 227	2 472	13 842	1 913	11 929	7.24	0.47
2006	5 812	2 818	14 564	2 303	12 261	6.32	0.48
2007	6 362	2 818	15 955	2 728	13 227	5.85	0.44
2008	6 977	2 930	17 265	3 418	13 847	5.05	0.42

表 3.6 显示，城乡差异的绝对差距和极端差距都在不断扩大化，这使得城乡差异成为教育供给水平提高的制约因素之一。城市化水平较高的地方，城市人口比例较大，城市居民人均可支配收入较高，居民对教育的消费需求增高。

而农村人口比例较大的地区，或者说城市化程度较低的地方，农村居民人均纯收入不高，对教育需求的消费性要求降低，使得教育需求与较低的教育供给能力相适应，从而决定较落后地区的教育服务处于较低的供给水平。

根据第一章实证分析的结果，中国三类地区义务教育供给水平受到人均 GDP 因素的影响最大。但是人均 GDP 反映的是一种总量的变化，而其中人均财政收入扮演的作用很大。地方财政收入与我国的财政分权制度紧密相关，地方财政收入高的县（市、区）在教育供给过程中扮演的作用比地方财政收入低的地方更大，也更有主动性和灵活性。在一种地区之间的持续博弈中，教育供给竞争趋势必将形成。按照这一机制，区域教育供给与地区经济发展水平密切相关。教育需求主要由学生家庭经济收入决定，因为义务教育与劳动力市场还没有直接的联系。因此，虽然是在政府供给机制的背景下，区域教育供给差异受到财政分权的制度性分割影响，主要还是取决于县（市、区）人均 GDP、人均财政收入、人均财政支出和农民人均纯收入水平等经济指标的差异。

第四章　市场供给机制与区域教育供给水平差异

市场供给是在对政府供给公共教育产品的批判与反思过程中形成的一种供给思维。这种思维在公共教育供给实践中体现为市场应该成为公共教育发展的一种指导力量。因为政府供给公共教育产品容易妨碍个体发展的多样化，对人的身心发展是一种禁锢。在20世纪八九十年代，新自由主义理论借助公众对公立学校教育质量低下的责难迅速进入公共教育领域。这一流派的学者运用市场交易的观点，提出教育是一种消费观念，学生及家长是学校教育服务的“顾客”，公共教育不再是由垄断的“生产者”（国家）说了算。政府只有提供给学生和家长选择教育服务的自由，促进公立学校之间的效益竞争，才能最终提高公立学校教育质量，从而实现真正的“教育国家化”。当然，市场供给不是否定政府在提供公共教育过程中的地位和作用，而是力图在提供公共教育过程中创设一个类似于市场竞争性的教育环境，以改善公立学校运行机制和管理体制中效率低下的问题。

第一节　教育供给引入市场机制

“市场”介入公共教育发展的理论依据，可以追溯到17世纪英国自由主义经济学家霍布斯和洛克的思想，以及19世纪亚当·斯密关于市场和政府作用的论述。市场主导公共教育治理的理论基础主要是新自由主义思潮与新公共管理思潮。新自由主义学派由古典经济自由主义发展而来，在20世纪中后期以新自由主义面孔出现，且流派纷呈，诸如理性预期学派、公共选择学派、供给学派等。新自由主义学派以弗里德曼和哈耶克为代表,其主要观点为:西方社会的弊病是国家干预造成的,“如果国家干预少一点,竞争就会进一步发展,垄断就会大大减少”。[①] 它具体包含以下几个方面:

第一,信赖市场的自生自发秩序,反对国家过多干预;

第二,崇尚私人经济,反对计划经济;

第三,信奉自然失业率;

第四,坚持健全财政的原则。

在这一理念的倡导之下,推动的新经济政策主张由国家干预到自由经营、由国有化到私人化、由福利国家到反社会福利的重大变革,也由此打开了教育市场化之路。

一、弗里德曼的教育“市场化”观点

弗里德曼作为新自由主义的旗手,猛烈抨击福利国家的理论和实践,指出“对自由最大的威胁是权力的集中。为了保护我们的自由,政府是必要的;通过政府这一工具我们可以行使我们的自由;然而,由于权力集中在当权者的手中,它也是自由的威胁。”[②]因此,政府的职责不仅是有限的,而且需要权力分散。这一思想在公共教育领域中的应用,主要集中在《政府在教育中的作用》和《学校的问题在哪里?》两篇论文之中。[③] 其主要观点为:

第一,公共教育制度是一种政府垄断。19 世纪下半叶以来,西方资本主义国家经历的公共教育制度是一种政府垄断的过程。由于对其缺乏必要的市场竞争的约束,无论是从经济、从社会,还是从教育上来看都是失败的,因为它导致效率低下、资源浪费。家长们抱怨子女所受教育的质量在下降,教师们抱怨他们所处的教学环境不利于孩子学习,纳税人抱怨费用上涨。做父母的无法干

① [法]亨利·勒帕热:《我们的弊病在于国家干预太多》,载《世界经济译丛》,1980(3),14 页。

② [美]米尔顿·弗里德曼著,张瑞玉译:《资本主义与自由》,5 页,北京,商务印书馆,1986。

③ 本节涉及弗里德曼的“教育市场化”思想,基本上来源于《政府在教育方面的作用》与《学校的问题在哪里?》。两篇论文的来源分别是[美]米尔顿·弗里德曼:《政府在教育方面的作用》,见《资本主义与自由》,中译本,83 ~ 104 页,北京,商务印书馆,1986。[美]米尔顿·弗里德曼:《学校的问题在哪里?》,见《自由选择:个人声明》,中译本,153 ~ 195 页,北京,商务印书馆,1982。

预孩子受什么样的教育，他们既不能直接出学费为孩子挑选学校，也不能间接地通过开展地方政治活动来改变教育制度。学校的控制权落在职业教育家和联邦政府官员手中。

事实上，弗里德曼对公立学校最初建立的原因也是持怀疑态度的。"公立学校体制就如同被自由市场的汪洋大海包围的一个社会主义孤岛，它的建立只是从一个很小的侧面反映了知识分子在早期对自由市场和自愿交换的不信任。它最多不过反映了知识分子对机会均等的理想的重视。"①他指出，按照公立学校倡导者的说法，公共教育的最大受益者是穷人和被压迫者，但事实却表明学术成绩最糟糕、最失败的正是那些来自低收入家庭的孩子。与促进同化及创造和睦气氛的愿望相反，公立学校越来越成为它们以前曾竭力防止的那种分裂的根源。

上述种种分析使弗里德曼坚信，由于公立学校体系是受到保护的公有垄断集团，它很少受到来自私立学校和教会学校的竞争。因此，指望公立学校办学效率有所提高是不切实际的。解决公立学校困境的唯一出路在于走市场化的道路，将整个教育服务中的相当大部分交由私人企业经营。否则，就没有什么办法摧毁或至少极大地削弱现存教育体制中的官僚化和集权化现象。此外，除了将市场的法则运用于教育领域，也没有什么办法能给公立学校带来竞争。

第二，教育市场化的条件。他分析说，使教育向市场化过渡，必须具备三个要素或条件：一是要在"消费者"（consumers）和"生产者"（producers）中形成市场观念；二是要形成取代免费集体服务的市场交换关系；三是建立起全国统一的生产者机构市场，在这个市场中所有的机构（无论私立还是公立的）均是独立的和竞争的企业，社会无论是对私立的机构，还是对公共的机构都应一视同仁。② 在他看来，只要通过适当的措施，这几个条件便可具备。

第三，教育市场化改革的措施。在基础教育方面，他主张废除义务教育的立法。他虽然不反对国家将公共资金用于教育事业，但是认为形式应加以改变，应从目前的对公立学校直接补助的方法变为由政府向学生家庭直接发放教

---

① [美]弗里德曼著，胡骑，等译：《自由选择：个人声明》，157～158页，北京，商务印书馆，1982。

② Milton Friedman, *Capitalism and freedom*, Chicago, University of Chicago Press, 1962, PP. 85－107.

育凭券(voucher)的办法。其基本的运行机制是:家长取得政府发放的教育凭券,其子女可以借此进入经政府认可的学校就读,政府可借此来维护对教育的最低限度的资助。家长在为其子女做决定时可以进行自主的选择,只要进入政府认可的学校即可,而不必考虑是公立学校还是私立学校。政府的作用是确保学校维持最低的办学水准。在市场条件下,公立学校与私立学校处在相同的竞争位置,二者都只有在满足“消费者”需要的条件下才能获得生存与发展。

二、哈耶克的教育“市场化”思想

教育市场化改革的另一积极鼓动者是著名经济学家哈耶克(F. A. Hayek)。从19世纪60年代起,哈耶克便将他的经济学理论运用于教育领域,在西方国家产生广泛的影响。他同样反对政府垄断学校教育,认为市场才是教育活动的基础和依据,市场竞争的原则也适用于教育领域。

哈耶克提出消费者主权理论,主张在市场经济中消费者拥有决定生产与资源配置的主权。在教育活动中也是如此,当学校与学生及其家长之间确立了生产者和消费者的关系,学生及其家长就可以决定自己需要什么样的服务,学校为了不致成为市场竞争的输家,就会在教育的数量、质量、内容、方式等方面更好地满足学生及其家长的愿望,尊重他们的需要和选择。相反,如果在教育领域实行计划管理,教育服务就势必会陷入官僚主义和集权主义的泥潭。

同时,哈耶克并不主张义务教育的立法制度。虽然他承认当前的义务教育制度具有普及基础知识和共同价值观以及推进民主制度发展的作用,但“所有的教育都必须且应该根据某些明确的价值观念加以指导的事实,却也是公共教育制度会产生真正危险的根源”。① 因为这实际上妨碍了一个自由人的多样化发展。他认为,义务教育可以由国家来承担,但是还需要考虑提供的方式。政府建立或管理义务教育等普通教育的机构,这种高度集权化的且由政府支配的教育制度,导致了教育的单一化,从而使教育走向控制和奴役人民心智之路。解决这一途径的必要手段就是竞争和市场过程。因为唯一的平等形式是市场

① 哈耶克著,邓正来译:《自由秩序原理》下册,161页,北京,三联书店,1997。

公平(market equity),即在教育市场中进行竞争的权利。[①] 而不平等是一种完全正常的社会现象,是促进一个社会经济发展所不可或缺的,如果没有了竞争,整个社会的秩序就会受到威胁,而片面强调社会正义(Social Justice)会促使人们对市场秩序发生怀疑并产生各种不切实际的期望。他认为不存在用以决定谁该接受进一步教育的所谓公平的教育依据,不必通过教育手段对学生进行选拔,因为影响学生学习成绩的因素不可能被充分认识。[②] 他反对社会上流行的观点,即应尽量使每个学生在教育上获得成功。

在英国,教育市场化理论也十分活跃。早在1964年,英国经济学家皮考克(Alan Peacock)和威斯曼(Jack Wiseman)也提出了不必由国家直接投资教育,而应通过给家长凭券、资助或贷款的方式在自由市场状态下进行自主选择的主张,[③]这在20世纪60年代热衷于教育民主化和机会均等的英国并未得到多数人的支持。直到20世纪80年代新经济自由主义思想的抬头,教育市场化改革才正式走入人们的视野。

三、我国教育供给引入市场机制

早在1984年和1985年中共中央关于经济体制、关于教育体制改革的决定发布以后,我国就进行过对教育市场化的激烈讨论。此后,1992年和1993年中共中央关于建立社会主义市场经济体制、关于教育改革和发展纲要的决定发布以后,掀起了我国教育是否应该市场化的争论高潮。1999年第三次全国教育工作会议前后,大批学者通过著述、论文、会议陈述个人对教育能否产业化、学校能否企业化的观点。在此,无意一一介绍不同学者的不同学术观点,只是说明教育市场化在我国教育界引起的反响。如何理解教育供给中的市场,结合教育的公共性做一些具体的阐释,为下文的市场机制引入教育供给做理论铺垫。

1. 教育服务生产提供制度的改革,不是等同于私人物品的生产提供制度,而是旨在建立、形成市场经济体制下教育这种混合物品的生产提供方式和

---

① J. Donald & S. Hall, eds., Politics and ideology, Milton Keynes, Open University Press, 1986, P. 41.

② 朱科蓉:《英美教育市场化改革述评》,载《清华大学教育研究》,2003(1),55~61页。

③ 许明、胡晓莺:《当前西方国家教育市场化改革述评》,载《教育研究》,1998(3),70页。

制度。

2. 教育服务从来不否定政府提供，不否定政府出资，不否定政府生产，而是强调把一些或者许多种类的教育服务提供生产制度改革，依靠价格调节供求，靠市场来提供。

3. 市场化作为交易的契约选择之一，教育服务的提供生产涉及很多方面的交易，市场契约形式在教育领域的很多交易中是可以采用的，是很多交易的最优契约选择。教育领域中引入市场契约的实质就是每一个交易都采用相应的合适的交易契约来进行规制治理。

4. 义务教育成本在中央与地方政府之间的成本分担，就是本着谁受益谁出资的经济原则。这种市场化绝不是依靠不同地区的教育服务需求的价格机制来决定的，只是出于如何最大限度地提供教育服务均等化而建立的政府之间的成本分担机制。

在政府职能转变过程中，教育领域中的每一种交易方式都要发生变化，教育领域中的每一个契约选择都有可能发生改变，每一种交易都必须采用市场交易方式、采用市场契约来规制交易，才是有效率的。如果提供无效率的教育服务，最终必然导致教育不公平的扩大化。诸如政府可以直接举办公立学校，政府也可以委托私人机构组织来举办学校；政府可以直接管理公立学校，也可以把公立学校“租借”给私人办学，但绝对不是建立完全靠价格机制来调节教育服务的供求，更不是靠市场来提供所有的教育服务。

第二节　市场供给教育的逻辑与机制

在政府供给教育机制中，政府既扮演教育服务的提供者，又扮演生产者。政府角色的这种重合导致两个例外情况：一是政府在官僚体制内无法提供充分的激励机制以鼓励其组织成员有效率地做好分内工作；二是政府难于提供公民对教育服务的多样化需求。针对这一弊端，市场供给理论倡导，市场应积极参与提供教育服务和生产，只有通过市场竞争和激励才能提高教育绩效和提供多样化的教育服务。市场逻辑在教育服务领域的运用，反映了学校教育的“生产投资"与"商品消费"的新性质;强调在竞争与效率的目标下,要减少政府的直接干预,保证自由交易的选择(即"择校")的实施。

一、市场供给教育的逻辑

20 世纪 70 年代初西方发达资本主义国家出现的"滞胀"现象,标志着凯恩斯主义的失灵和"福利国家"政策的失误,新自由主义思潮兴起。在新自由主义的支配下,国家的公共政策领域出现了一股对公共物品和服务进行私有化的浪潮。按照新自由主义理论,要解决公共教育僵硬化、效率不高,效益低下及由此带来的教育质量问题以及对个体自由权利的保障,公共教育必须进入市场,并通过市场运作来向社会提供服务。市场对公共教育的介入既能满足社会成员对教育的多元需求,又将有助于最大限度地增加社会成员的利益。与此同时,在经济滞胀的重击之下,西方各国的财政负担日趋沉重,各国政府对支付包括公共教育在内的各种庞大的公共开支力不从心,在这种情况下,削减教育经费便成为各国政府的普遍做法。1988 年 7 月,英国的《1988 年教育改革法》通过,提出公立学校要向英国的国有企业那样实行私有化,这给英国教育制度带来了根本性的变革。1981 年,美国里根政府试图把联邦政府对经济的干预降到最低限度,提出"美国公共服务不再以直接生产公共服务的方式来提供,而是从私人供应商那里购买,或者向个人、机构和公司提供凭单让人们去购买"。1983 年,美国联邦教育部发表了题为《国家处在危险中》的报告书,指出美国的教育面临着严峻的困境,国家要想继续有能力进行全球竞争,就必须改革公共教育、提高教育质量。为解决公立学校质量低下、效率不高等问题,政府也将市场的竞争机制引入教育领域,通过公立教育私营化、教育分权、择校运动等促进教育资源的优化配置,进行教育重建。

20 世纪 80 年代以来,美国主要对现有的公立中小学进行了改造,学校通过与政府部门签订合同,订立招生、课程、办学质量和财务等方面的标准,来换取政府的办学经费。出现了一些诸如"特许学校""有吸收力学校"以及"选择性学校"等新型学校。这一时期的教育公共服务的特征是公共教育有偿化、民营化和消费化,目的是拓宽教育的发展渠道、提高教育质量。试图用私人领域的原则解决处在公共领域中的公共教育问题。

教育市场化的理论者坚信市场机制的竞争作用。他们主张把竞争机制引入公共教育系统，促使各个学校提高质量，提供多元化的教育供给，给家长提供选择的市场。弗里德曼指出："学校系统就像是一个竞争市场，在那里，个体'企业家'将会争着以最低费用提供最佳服务。这些企业家会积极聘请最好的教师，在学校的课程表上开列出顾客会要求的特殊教育，并加速实现更有效的教学改革。每个家庭都可以根据分派自己收入用途方面的特殊偏好，选择最适合的学校送子女就读。"①在教育市场化倡导者的推动下，针对学校教育质量低下，教育供给单一，一种以"分权与自由选择"的教育改革理念在西方各国逐渐形成，并在实践中发挥着越来越重要的影响。

1. 地方政府向学校分权——公共教育体制内的分权改革

英国实行学校的地方管理(Local Management of School)。这是英国《1988年教育改革法》的重要内容之一。具体地说，包括以下几个方面：

(1)招生录取的责任由地方当局转移到学校，实行开放招生(Open Enrollment)政策，学校可按自己的最大容量招生，可以录取地区以外的学生。任何地方的任何学校招生数的减少，须事先征得教育与科学大臣的同意。

(2)地方教育当局按照经教育与科学部批准的公式给本地区的学校分配经费。根据公式分配的经费中有75%根据该学校在学人数分配，以鼓励学校吸引和留住学生；其余25%可以参照其他因素分配。地方教育当局就公式中的要素做出决定以前须与学校的地方管理团体协商。

(3)按公式确定的预算的用途决定权及与此相关的教职员人事权，由地方教育当局大幅度地转移给学校董事会。

(4)学校要求地方教育当局为其服务的社区提供辖区内学校成绩的信息。

政府向学校分权，最著名的成果就是校本管理。校本管理(School Based Management，简称SBM)指将教育的具体管理、运营权限进一步下放给学校，以使学校类似市场竞争中的独立企业一样，拥有可以进行创造性劳动的充分的自

① [法]亨利·勒帕日著，李燕生，等译：《美国新自由主义经济学》，211页，北京，北京大学出版社，1985。

主权和独立性。这是学校进入类似市场的环境的前提条件。SBM 于 20 世纪 80 年代末首先在达德县、芝加哥、洛杉矶等美国的大学区进行实验，进入 90 年代以后，逐步推广开来。当今的 SBM 在美国已发展成为多种模式，但都有一个共同的基本点，那就是在每个学校现场里都创设一个地方学校委员会（Local School Council），该委员会通常由校长、教师及其他社区成员组成，然后通过授权于这个委员会来实现学校管理的自主性。

校本管理在西方各国的具体实践上还有较大的差异，涉及校本预算、校本决策、校本培训、社会参与、学校领导方式的变革和信息共享等内容。概言之，校本管理的主要特点或者说采取的主要措施一是下放权力，扩大学校的管理自主权。从内容上来看，上级教育行政部门下放的权力主要有财政预算权、人事自主权和课程设置权等。从主体上来看，有的是把权力下放给校长，有的是将权力下放给学校委员会（或董事会），有的是将权力下放到学校各种各样的专业小组。权力下放意味着教育决策权的重新分配和政府职能的转变，教育行政部门改变了对学校全过程、全方位的控制，转而通过立法、拨款、督导、信息服务等各种间接手段对学校进行宏观调控。二是倡导共同决策。这主要是指由校长、教师、家长和社区代表（有些中学还有学生代表）组成校本管理委员会，共同参与商讨学校的各项决策，如经费的使用、人员的聘用、课程的设置、教材的选择以及其他各种事务等。

可以说，校本管理反映了西方公共教育体制内部的权责主体之间的中心与边缘关系的重构。政府开始淡出对公立学校管理的中心位置，不再以科层制和集权化作为学校管理的基本原理来追求学校教育的整齐划一。而学校不再是一个纯粹的执行机构，完全按照上级教育行政部门的指令和政策行事。在学校获得自主权最为彻底的地方，校长们开始努力实现政府目标与消费者需求的统一。

同一时期，直接拨款公立学校（Grant Maintained Schools）的出现成为政府向学校分权的另一个亮点。英国《1988 年教育改革法》规定，任何公立中学和学生人数超过 300 人的公立小学，经家长秘密通信投票认可，都可向中央教育主管大臣申请脱离地方教育行政当局的控制，成为直接拨款公立学校。转制后的学校直接接受中央政府的拨款，并在管理方面享有与独立学校同样的自主权。英国公立学校历来由地方教育行政当局负责开办和维持，直接拨款公立学校的出现，打破了这种安排。[①] 实施这项政策背后的主要想法是：建立一种由家长主导、经费直接来自中央、具有高度自主权的公立学校。

直接拨款学校完全由管理机关来运行，所谓管理机关是由父母、校长、教师、社区成员组成的，管理机关有权决定是否继续保持直接拨款学校的地位，且向学生家长定期公布信息。而与学生数量有关的成本，由政府来分担，资金来源于拨款委员会，这里的政府指中央政府，跨越了地方教育当局。中央政府直接拨款的标准是由每个学生的成本和学生数决定的。而学生数量又是由学生父母的选择框定的，这样一来，为了获得充足的经费，学校就不得不以质量取胜，因为经费的多少直接与学生人数相关。直接拨款学校脱离了地方教育当局的控制，拥有了相当的自主权，从而对学生父母的要求做出积极反应，扩大了父母的选择权，保证了教育供给的多样化。

2. 政府向市场分权——公共教育体制外的分权改革

20 世纪末期以来，西方国家的公共教育改革运动中，公立学校系统引入市场机制成为一种新的趋势和潮流。这主要表现为两个方面：一是公共教育机构逐步尝试运用市场模式进行学校的自我管理；二是越来越多的非政府部门开始直接参与公立学校的运营。第二个方面在近年来表现得尤为明显。

(1)公助学额计划(Assisted Places Scheme)。这项计划是由英国《1980 年教育法》颁布实施的。根据这项计划，政府将为来自低收入家庭的优秀学生进入独立学校(Independent School)——指非政府举办的学校，也有人称其为私立学校(Private School)学习提供全额或部分学费资助。每所参与该计划的独立学校都要与中央政府签订一份合同，其中规定：校方每年将提供一定数量的学额，根据家庭收入对学生学费进行一定程度的减免，余额部分由政府提供补偿。参与该计划的独立学校仍然保持独立的地位，它们负责对入选学生的学业水平进行甄别，但是每年享受公助学额的学生必须有 60% 来自公立学校。至 1985—

① 汪利兵：《当代英国教育的市场化改革研究》，载《比较教育研究》，2001(6)，45 页。

1986 年度,政府已向 226 所独立学校支付了 3 380 万英镑,用于公助学额学费的减免。[①] 受惠于该计划的学生达 21 412 人,其中 40% 享受完全免费资格。公助学额计划的实施,使收入较低的家庭也有了与富裕家庭一样的选择权,有效地促进了社会流动,也体现了着重资助作为消费者的学生(家长),而不是资助作为教育服务提供者的学校的市场化改革方向。

(2)民营教育公司。美国爱迪生公司(Edison Project)成立于 1992 年,在全美 16 个州和哥伦比亚特区管理 79 所学校,在校学生 3.8 万名。市场分析人士认为该公司到 2005 年管理的学校将达到 420 多所,学生数将达到 26 万。爱迪生公司非常注重通过市场筹措资金,1999 年 7 月,微软公司的合伙创始人艾伦(Paul G. Allen)注入 3 000 万美元,成为投资人之一。1999 年 11 月,爱迪生公司在美国华尔街发行股票,成为上市公司。民营教育公司的出现和发展,对所在国家教育的推动作用是明显的。它既增加了教育投入,提高了社会对教育的关注程度,又注重教育效率的提高,推动教育改革,促进教育创新;同时它还增加了教育供给,满足了人们教育选择的需要。这些无疑都是民营教育公司对整个教育发展的不可替代的促进作用。

3. 政府向教育消费者分权

政府向教育消费者分权的主要目的是为了保障家长的教育权利与学生的受教育权利。如何实现这一目标呢? 按照弗里德曼的观点,主张政府向家长发放教育券,作为家长为子女选择学校的就读费用,由此将市场竞争法则引入公共教育系统,用以改善公立学校对家长和学生的教育需求消极回应的态度。由于人们对公共教育系统的日益不满以及对于优异教育的重视,家长择校在 80 年代成为一项重要的公立学校改革方案得到广泛重视和采纳。澳大利亚的考德威尔和哈维德(B. J. Caldwel & D. K. Hayward)在设计新世纪公立学校的政策框架时,就指出必须在现有公立学校观念的基础上加进"选择"的观念,即父

---

① Julian Haviland, ed., Take Care, Mr. Baker, Fourth Estate, 1988, p. 168; Denis Lawton, *Education and Politics in the 1990s*, London, The Falmer Press, 1992, p. 52.

母选择学校教育的权利。[①] 在允许家长择校(parental choice)的呼声下,西方国家纷纷出台了一系列的改革法案或措施,鼓励和保障家长自由择校的权利。

(1)自由入学政策(Open Enrolment)。这项计划由英国《1988 年教育改革法》颁布实施。英国家长的择校权在《1980 年教育法》中就有了规定,但由于地方教育行政当局为热门学校人为地设置招生上限,使许多家长经常失望而归。《1988 年教育改革法》对此提出了新的安排:以 1979 年的招生数作为一个学校的标准招生数(Standard Number),如果某一学校 1988 年的招生数高于 1979 年,则以 1988 年的招生数为标准招生数;学校在标准招生数之内不得拒绝学生的入学申请;如果一个学校不再有招收标准招生数的能力,地方教育行政当局和学校董事会经中央教育主管大臣同意,可降低该校的标准招生数,但是减少的名额不能转到其他较差的学校;如果学校受理的申请人数超过标准招生数,地方教育行政当局通常实施本学区学生优先原则,但家长有权对地方教育行政当局的决定提出上诉。自由入学政策的实施,使各个学校的招生不再得到地方教育行政当局计划的保护,而更多地依赖标准招生数之内家长的选择。这无疑强化了学校间的竞争,从而促使它们更加注意倾听消费者的呼声,不断提高自己的办学水平。[②]

(2)"教育券"计划。在西方国家,"选择表达了某种意义上的自由和权利。能够对各种各样的机会进行选择吸引着美国人,因为选择在本质上代表了美国民主制度和市场经济的内核"。[③]正如爱克斯诺克斯(Xerox)公司的董事长和首席执行官戴维·克尔斯(David Kearns)指出的那样,消费者(家长和学生)与商家(学校)共同形成一个教育市场,是美国民主制度在教育领域的生根发芽。因此,公立学校的垄断壁垒必须拆除,取而代之的是教育选择制度。

"择校"(School Choice),指学生(家长)有选择学校的自由,而不受地域的

---

① Caldwell B. J. and Hayward D. K. , *The Future of Schools: Lessons from the Reform of Public Education*, London, Falmer Press, 1998, P. 149.

② 汪利兵:《当代英国教育的市场化改革研究》,载《比较教育研究》,2001(6),45 页。

③ Van Scoffer and Richard D. , *Public Schooling in America: a Reference Handbook*, Santa Barbara, ABC - CLIO Inc. , 1991, P. 41.

限制。择校旨在扩大学生(家长)的自主权。这正是市场理论中消费者至上理论在教育领域的延伸,使学生(家长)如同顾客、消费者一样,通过扩大公共部门市场中消费者选择,从而保证服务质量的提高和分配的更加公平。在美国的绝大多数州里,义务教育阶段,受教育者在选择受教育的学校方面的自由受到很大的限制,受教育者只能在学区内到公共教育当局指定的公立学校就学。因为,受教育者虽拥有选择私立学校的自由,但一方面由于私立学校所占比率不大,另一方面由于上私立学校必须由家长自己承担全部学费,政府不予财政援助,实际上大多数家长只能让自己的孩子在所在学区指定的学校就读。那么,家长(学生)的自由选择的权利呢?

在美国,政府通过发放教育券为家长自由选择学校提供更多的机会。所谓教育券,就是政府发给学生(家长)的一种有价证券,学生家长可以使用该学券在任何政府承认的学校,包括私立学校中支付学费或其他教育费用。其目的是促进各学校,特别是私立学校与公立学校之间的竞争,从而提高教育质量。其实质是运用市场手段来运作公立学校,增加公立学校中的私营成分,以恢复其活力。

二、市场供给教育的理念

政府提供教育服务过程中,其集体决策会产生一系列的失误。究其原因,主要有[①]:(1)社会实际上并不存在作为政府公共政策追求目标的所谓公共利益,阿罗的“不可能定理”已表明了这点。布坎南也指出,在公共决策中实际上并不存在根据公共利益进行选择的过程,只存在各种特殊利益之间的“缔约”过程。(2)即使现实中存在着一些大家利益比较一致的情况,现有的直接民主制、代议民主制等各种决策体制或决策方式(投票规则)因其各自缺陷而难以达到优化政策或理想政策。(3)决策信息的不完全性。决策信息的获取总是困难而且需要成本的,不论选民还是政治家拥有的信息都是有限的,因而许多政策实际上是在信息不充分的情况下做出来的,这就很容易导致决策失误。(4)投票

① http://baike.baidu.com/view/642384.htm

人的“短见效应”。由于政策效果的复杂性,大多数选民难以预测其对未来的影响,因而只着眼于目前的影响;而政治家为了谋求连任,就会迎合选民的短见,制定一些成本滞后,或从长远看弊大于利的政策。

因而,市场机制的倡导者们认为,市场是唯一能够提高资源配置效率的途径,计划分配或采纳法律及行政手段都是对自由市场体系运作结果的歪曲。改善政府垄断区域教育产生的一系列问题,市场抑或类似的竞争机制不是最好的,但对于区域教育效率的提高却是非常有效的。

以市场逻辑为基础而构建的供给机制,在教育服务领域确立了三种新的供给理念。首先是竞争与效率。市场机制引入公共教育,是对公立学校制度“公共事业”中所隐含的“福利”和“机会均等”的机制目标的动摇,取而代之的是“竞争”和“效率”。在美国,这种“市场机制”被赋予促进公立学校发展的有效途径。代表其教育制度中新的“市场因素”或“市场力量”的是选择性学校(Alternative School)、特许学校(Charter School)、教育凭证(Education Vouchers)和“公校私营”的种种新现象。在英国,这种体现教育制度中新的“竞争”与“效率”目标的具体做法,产生了获得更多激励的“直接拨款公立学校”,实施了补助学生就读私立学校的“公助学额计划”以及“开放入学、择校就读”的新入学政策。在加拿大、丹麦、澳大利亚等国也都拥有相似的措施,进行教育制度的这种“市场化”改革。

其次是“教育消费者”自由选择。库斯、苏格曼以及弗里德曼等新自由主义的倡导者,从“消费者主权”的角度,在教育活动的个人行为上导入了学生及家长是学校教育服务的“顾客”的观念,主张在教育制度上改变由政府垄断的由生产者说了算的“由供给决定一切的体制”。弗里德曼首先强调了要建立教育“消费者”与教育“生产者”之间的市场逻辑。“所谓市场逻辑,就是个人权利的自由交易”①,在弗里德曼那里,则被表述为“选择的自由”。弗里德曼解释说,在传统的公立学校制度下,公共教育一律由政府出资,并由政府具体开办与经营,同时还实施“就地入学”政策,如此,学生及家长在满足接受学校教育服务的自

① 刘军宁、王焱、贺卫方:《市场逻辑与国家观念》,11~12页,北京,三联书店,1995。

我消费需求时便无法选择,无论学校好坏,只能就读于此。这种行政的官僚体制便是对自由交易和承认消费者选择权的市场逻辑与规则的破坏。因此,他才建议通过"教育凭证"来改变政府办学的单一局面,主张由更多的社会团体、企业及个人来承办公立学校教育,从而在开放的状态下保证学生及家长的选择权。

最后是教育分权(Educational Decentralization)。建立公共教育的内部和外部市场,首要的条件就是政府分权,政府在教育市场内发挥有限的作用。因此,教育分权是市场逻辑进入公共教育供给的制度保障,也是市场供给必须确立的供给理念之一。何谓教育分权呢?按照爱德华·菲斯克(Edward B. Fiske)的观点,教育分权化是一种重新分配权责,将有关决策权从较上层的政府下移到较低层政府或基层组织的过程。教育分权有利于激发市场的活力,这种活力是"教育凭证"制度实施的前提。因为"为了对政府所规定的最低限度学校教育提供经费,政府可以发给家长们票证。如果孩子进入'被批准的'教育机关,这些票证就代表每个孩子在每年中所能花费的最大数量的金钱。这样,家长们就能自由地使用这种票证,再加上他们所自愿添增的金额向他们所选择的'被批准的'教育机关购买教育劳务。教育劳务可以为以营利为目的的私营教育机关或非营利的教育机关所提供。政府的作用限于保证被批准的学校的计划必须维持某些最低标准,很像目前对饭馆的标准,要求保证最低的卫生标准那样。"①

三、市场供给教育的结构

依据公共选择学派的观点,政府垄断公共教育,是公共教育供给缺乏效率和效能的根源。在缺乏市场机制引导和驱动的情况下,政府采取分级管理的方式来控制教育组织;强调以正式的规章条例和权威作为公共组织内部行动的准则。然而,正式的规章条例使决策者们不能有所选择,不仅导致太多照章行事的决策方案出台,而且限制了管理者创新能力的发挥。同理,这些规章条例也使教育行政部门、学校管理者和教师对环境变迁反应迟缓、谨慎的状况更加恶

① 米尔顿·弗里德曼著,张瑞玉译:《资本主义与自由》,87页,北京,商务印书馆,2004。

化,使政府提供的区域教育难以满足学生日益增长的需求。

因此,市场供给要求分散教育决策和政策执行的权力。打破政府垄断公共教育的最基本方法是利用私人组织或半私人组织来提供公共教育服务。实现这一目标的重要手段就是权力分散,将公共教育权力下放给地方政府和社会组织。政府可以设立多元化的相互竞争的组织来提供和生产教育服务,并在公立学校引入在私立学校起作用的竞争机制。这种以市场为导向的组织体系,有助于对所设置的权力分散机关的成绩表现进行有效监督和充分估量。

市场供给机制所提出的结构上的改革建议,不仅针对整个教育管理制度的宏观层面,而且也可用在教育组织内部的微观层面上。强调企业式的创新活动和个人的责任,可以促使教育组织减少内部分层设级。因为,我们在一个组织内部只设领导层和处理外部环境事务的基层部门的做法,将会比在组织内部分层设级的做法更为有效地制定出适当的决策。权力分散有时候也意味着向地方分散权力,即赋予地方政府更多的决策权力。尤其是在中央政府倾向于强行向地方政府下达命令政策的国家。甚至在联邦制国家,联邦政府有时会利用“优先倒转”的方法,借故将地方的财政资源归中央所有。总之,向地方分散权力具有明显的优势:首先,它减少了分层设级,并能直接控制和管理那些更接近于公众的组织。其次,它减少了个别组织对某些服务的垄断,能对组织实施不同形式的控制和管理。唐纳德·温克勒(Donald R. Winker)的教育分权政策研究就是很好的佐证。研究结果显示,教育分权并不意味着中央政府对教育管理权责的完全放弃。

表 4.1　中央政府在分权化体制方面的政策

政策工具	政策目标	举例
信息与培训	改进地方行政能力和技术专长	在学校组织、课程、教师资格、要求提高的知识等方面规定所要求的最低标准;在人事管理和财务管理方面培训地方管理人员

续表

政策工具	政策目标	举例
财政激励	对利益外流增加补偿	若地方教育开支提高到所期望的水平,中央政府将提供配套资助
重新配置	减少横向和纵向的不平等	中央政府向地方学校提供生均资助,资助值与地方生均税收基数成反比(横向平等),或与地方生均教育消费水平成反比(纵向平等)
规章制度和指令	从教育标准的界定意识到积极的外部利益	建立地区或国家对等级提升或学校毕业的标准化考试体系
国家化	通过某些教育职能的集权化实现规模经济	中央政府担当下列责任:开发某些学科的课程、教材,也可能开发一个合理的标准化考试体系

资料来源:Winker, D. R. , Decentralization in Education, The World Bank, Washington DC,1991. 转引自冯大鸣:《美英澳教育管理前沿图景》,138 页,北京,教育科学出版社,2004

四、市场供给教育的方式

市场供给者认为,政府的行为动机并非就是“利他”,因为政府在利己动机的驱使下,也会对公共物品做出适当的安排和生产。按照奥尔森的逻辑,由于存在着“搭便车”的现象,“有理性的、寻求自身利益的个人不会采取行动来实现他们共同的利益或集团的利益”①。因此,市场作为公共教育供给的主体,在选择供给方式过程中,更多地考虑花费成本低、赋予公民更多的教育选择权和产生持久的作用的方式。总体来说,针对市场化抑或民营化,我们在选择供给方式时必须了解不同方式的功能。按照民营化大师萨瓦斯的观点,公共教育“市场化”或“民营化”的供给方式包括:政府服务、政府出售、府际协定、合同承包、

① [美]奥尔森著,陈郁,等译:《集体行动的逻辑》,2 页,上海,上海三联书店、上海人民出版社,1995。

经营特许、政府补助、凭单制、自由市场、志愿服务、自我服务等。

这些方式的功能如何呢？从表3.3“不同供给方式的绩效特征”中，我们发现凭单制和自由市场几乎具备了所有积极的特征，而政府服务、政府出售和政府间协议具备的积极特征最少。进一步分析，在民营化改革中，对个人和收费物品来说，自由市场和凭单安排是最好的；对公用资源来说，凭单和志愿安排是最好的；对集体物品来说，合同承包和志愿安排是最好的。民营化是力图实现政府以高度介入为特征的某种制度安排向较少政府介入的另一种制度安排的转变。从政策角度看，最重要的民营安排方式包括自由市场、特许经营、合同承包、凭单制和志愿服务。就政府生产的私人物品和可收费物品而言，可以通过撤资或退出并允许市场提供等方式实现民营化。政府还可以通过凭单制推进福利性物品的民营化，通过合同承包和鼓励志愿行动推进集体物品的民营化。

在萨瓦斯所列的10种供给方式中，前三种都是以政府为主体来生产公共教育，后七种均以民间力量来生产公共教育。在西方公共教育市场化的过程中，主要就是通过后七种供给方式来提高公共教育领域内的竞争和效率，并以“教育分权”为制度保障。下面对这些方式的市场化绩效进行简要分析：

第一，经营特许。这一供给方式的运用就是我们常说的“特许学校”(Charter School)。特许学校是由地方政府提供教育经费支持，由教师团体、社区组织、学生家长、企业集团或个人开办并管理，在相当程度上独立于学区(美国公立学校系统的基层管理机构)，在组织机构、人事、经营管理等方面拥有更多的自主权的一种新型学校。特许学校通过与政府部门签订合同，订立招生、课程、办学质量和财务等方面的标准，来换取政府的办学经费。以市场竞争为取向的特许学校的创立和发展，为家长提供了更多的选择公立学校的机会；在公立学校系统内部树立了一个竞争对手，有利于形成维持和提高办学质量的动力和机制。

第二，政府补助与凭单制。在英国推行的“公助学额计划”是政府补助这一供给方式的实践结果，即对选择私立学校的学生予以一定的补助。凭单制更多地体现为“教育券”或“教育凭证制度”，根据“教育券”和“教育凭证”学生可以选择符合条件的私立学校抑或在居住区或跨学区学校之间进行流动。

第三，合同承包。合同承包是教育市场化最为典型的手段之一，它是指由私营公司通过承包方式接管公立学校的管理。“教育选择公司”(Education Alternatives lnc)是全美最大的以接管经营公立学校为主要工作的教育企业。它最先从接管佛罗里达州达德县的南点小学开始。之后,对巴尔的摩的11所学校、康涅狄格州的哈福特学区(Harfford School District)签署了接管协议。合同承包这一供给方式还体现在公立学校私营化上,它是指公立学校把部分教育服务活动从公共领域转向私营化领域。这并不意味着把公立学校逐渐转变为私立学校,而是在维护政府和学校委员会办学权(即学校的公共性)的前提下,增加私人或私营机构在公立学校中的投资服务项目,包括管理经营学校的生活费用、食物供应、交通工具、医疗卫生、教学技术、教育测评、课程革新、教师聘用等方面。其主要形式为①:一是与私营部门签订合同,私营公司根据合同承包校内特殊的服务项目,不占用学校原有的教育经费;二是与商业界和私人基金会建立伙伴关系,学校接受公司和私人基金会资助;三是聘用“独立教师”(Private Practice Teachers),独立教师的工作涉及合同制学科教师、专门负责指导的教育专家、由教师建立的特权学校和教育服务公司等方面。

第四,自由市场。“自由市场”这一供给方式,暗含着公共教育可以交给市场,包括公共教育的生产和管理。“自由市场”主张发展私立学校与民办学校,赞同举办学校者可获得合理的回报。1991年美国出现了被媒体誉为历史上最为大胆的教育私有化计划,即以发明家爱迪生的名字命名的爱迪生计划(Edison Project)。该计划由美国怀特通讯公司、时代华纳公司、菲利普电子公司、英国报业联合体以及一些投资者团体共同发起,决定创办一千所营利性学校。这个宏大的计划由于在经费筹措等方面遇到困难而受挫。在1993年,实施“爱迪生计划”的公司决定重点承包管理公立学校,成为又一种合同制形式②。

市场进入公共教育服务领域,成为提供公共教育服务的重要力量。因为伴随着市场经济的日益完善,市场力量已具备提供公共教育服务的能力。市场已经拥有一定的资源,并且这些资源能够投入公共教育生产。此时,政府的作用

---

① 余新:《九十年代美国公立学校私营化——教育市场化问题的研究个案》,载《比较教育研究》,1998(3),27~30页。

② 益群:《美国公立中、小学问题种种》,载《世界教育信息》,1994(10),20~21页。

主要是提供教育消费者与生产者在市场交易中的各种制度和法律。

表4.2　教育部门中的市场细分①

内部市场	外部市场
管理者 教职工 常规的参与者和帮助者 当前的学生 当前的家长	预期的学生 预期的家长 预期的教职工 以往的学生、家长、教职工 其他的教育机构 地方社区 商业和工业单位 地方教育当局 教育评审办公室 教师培训机构或普通教育委员会 国家层面的团体和组织

在20世纪末期，福利国家不堪经济重荷，纷纷实施公共教育的市场化与民营化改革。遵循市场逻辑的市场教育供给，将“竞争”与“效率”引入公共教育服务。这一措施，主要是解决公共教育效率低、质量差的问题。事实上，无论是特许学校和教育补贴凭证制，还是公立学校私人化管理和推动私立学校的发展，无不是为了引入和加强竞争。特许学校的出现和发展，在公立学校系统内部树立了一个竞争对手，教育补贴凭证制和推动私立学校的发展，是打算通过加强私立学校的竞争来提高教育质量，公立学校的私人化管理旨在对公立学校的管理形成“生存竞争”。其结果是，公共教育内外市场的形成，一方面加速公共教育管理体制的分权化改革，非政府组织在公共教育供给中获得合法性地位；另一方面，提高了公立学校的教学质量和效率，公立学校之间形成一种竞争态势。

---

① Brent Davies and Barbara Davies, *Marketing schools: an analysis for educational leaders*, *Handbook of Educational leadership and management*, Pearson & Longmen Press, 2003, p. 124. 转引自田凌辉：《利益关系的调整与重塑——新公共管理影响下的教育管理机制研究》(硕士论文)，13页，上海，华东师范大学，2005。

第三节　经济约束的市场竞争性与区域教育供给水平差异

在许多市场经济国家,政府与公众的关系是公共产品的生产者与消费者的关系,政府存在是由于公众需要政府提供公共服务。为了得到政府的公共服务,公众就要纳税,以购买公共服务,政府提供公共服务与公众纳税是直接联系在一起的。免费教育是政府提供的公共产品的一部分,但不是纯粹的公共产品,而是一种准公共产品,教育在消费上具有排他性。由地方政府直接提供免费公立教育的一个结果就是政府作为教育费用的承担者,教育供给水平就直接受到经济发展水平的制约。这种制约很可能使得不同地区之间,同一地区不同县(市、区)之间的教育供给水平差异出现持续扩大趋势。

一、经济约束的市场竞争性对地方政府供给教育的影响

我国是一个经济发展不平衡的大国,不同的地方政府与居民的教育支付能力差距很大。在东部发达地区,高收入者较多。他们希望子女从小就受到高水平的教育,并愿意为此支付高额费用。在发达地区的基础教育中提高市场提供的比重是一种遵循市场规律,优化资源配置的做法。这样不仅可以满足人们对高水平教育的需求,还可弥补教育经费的不足,从而促进教育产业的发展,对社会总需求也可起到一定的拉动作用。特别是具有较大正外部效益的义务教育产品,即使在市场提供的情况下,政府也应通过优惠的财税政策给予一定的支持,以促进其发展。[①] 对于欠发达地区而言,地方政府财力拮据,难以保证必要的教育经费支出;贫困地区的低收入者家庭越是想享受优质教育,负担的教育费用比重就越大。因而,欠发达地区无论是政府还是居民对教育供给质量的需求都比发达地区的需求低。

近年来,地方政府在落实“三个增长,两个提高”政策,再加上“以县为主”

---

① 朱萍:《关于教育的提供及其提供方式的探析》,载《财经研究》,1999(12),12~13页。

的义务教育体制,使得经济发展的严重不平衡引起了地区间教育供给水平的不平衡。在表2.15中,小学生均公用经费与人均GDP的相关系数为0.874,与农村居民人均纯收入的相关系数为0.812,与城镇居民人均可支配收入的相关系数为0.775;初中生均公用经费与人均GDP的相关系数为0.910,与城镇居民人均可支配收入的相关系数为0.799,与农村居民人均纯收入的相关系数为0.763。这说明地区之间的政府供给教育水平取决于地方经济和居民收入状况。因此,地方政府与居民收入高的地区对高质量的教育服务需求更感兴趣,也更愿意投资教育。政府通过提升教育等公共服务水平改善城市环境以吸引人才,居民通过投资教育提升子女的竞争力。不同地区间的地方政府与居民在教育服务领域形成一种教育竞争格局,能够提高教育服务的质量和效率。但是经济支撑能力不足的欠发达地区和农村居民比例高的地区,则由于经济因素始终输在起跑线上,形成一种难以达到相对均衡的教育供给与需求的状况,并加剧地区之间的教育供给水平差距。

二、中部地区“弱政府大教育”供给模式

受历史原因和经济发展程度的影响,我国长期处于穷国办大教育的格局,教育经费投入难以满足教育发展需求。改革开放以来,作为经济体制变迁的附属品,教育投入体制历经了两次由政府主导的强制性制度变迁。第一次是《中共中央关于教育体制改革的决定》(1985)与《中华人民共和国义务教育法》(1986)确立了“地方负责、分级管理”的“重心下移”的基础教育经费投入体制。这种强制性变迁的结果是教育投入责任落脚在“乡镇”,出现农村教师工资拖欠、“两基”债务难以偿还等问题,严重干扰了基础教育的正常发展。经过比较、反思、研究之后,1993年颁布的《中国教育改革和发展纲要》决定采用20世纪80年代中期发展中国家教育投入的平均水平,即财政性教育经费占GDP的4%作为我国20世纪末的奋斗目标。此后,基础教育经费投入逐渐进入政府高层视野,相继通过《关于基础教育改革与发展的决定》与新修订的《义务教育法》等政策和法规完善教育经费投入体制,标志着我国教育经费投入进入第二次强制性变革轨道,教育经费分担也从“地方负责、分级管理、以县为主”过渡到更具

体的“明确各级责任、中央地方共担、加大财政投入”。

表4.3　1997—2008年我国财政性教育经费占GDP的比例

单位:%

类型＼年份	1997	1998	1999	2000	2001	2002	2003	2004	2005	2006	2007	2008
财政性教育经费占GDP的比例	2.36	2.41	2.55	2.58	2.79	2.90	2.84	2.79	2.81	3.01	3.32	3.48

数据来源:1997—2008年全国教育经费执行情况统计公告,作者依据相关数据整理的结果

表4.3显示,20世纪末期以来,我国教育经费投入距离预期的4%目标一直存在较大差距。然而,中部地区A市2008年首次实现财政性教育经费占GDP的4%这一指标。对于这一现象进行分析与思考,发现与全国其他地区没有实现4%这一指标的地区相比,中部地区的教育供给能力并没有增强,相对来说,教育供给水平反而降低了,教育供给规模则扩大了。

1.经济增速缓慢,财力难以支撑教育服务职能

中部地区经济增速低于全国平均水平,如果没有中央足够的补贴或教育投入,要达到4%的公共教育经费投入指标非常困难。以2006—2008年为例,从人均GDP、人均财政性经常收入、人均财政支出、农民人均纯收入四个核心指标观察A市经济发展状况:

(1)2006年A市人均GDP为全国人均GDP的44.69%,2008年则为41.27%;

(2)2006年A市人均财政性经常收入为全国人均财政性经常收入的9.67%,2008年则为7.79%;

(3)2006年A市人均财政支出为全国人均财政支出的34.44%,2008年则为37.25%;

(4)2006年A市农民人均纯收入为全国农民人均纯收入的83.64%,2008年则为74.98%。

与全国经济发展的四项指标相比,A市2006—2008年除了人均财政支出指标增速略有提升之外,其他三项指标都呈现负增长状态,显示出A市经济发展程度与全国经济发展平均水平差距呈扩大化趋势。2008年人均财政支出指标比2006年略有提升,是因为2008年A市本级财政支出(17.31亿元)仅占财政总支出

(157.09 亿元)的 11.02%。那么,A 市在达到 4% 的指标要求下,A 市财政性教育经费(34.73亿元)与预算内教育经费拨款(33.33 亿元)差额不大,这意味着地方财政预算中需要向教育安排接近数额的经费。很显然,这是不可能实现的。

表 4.4　2006—2008 年中部 A 市与全国经济发展总体情况比较

单位:元

年份	类别/地区	人均 GDP	人均财政性经常收入	人均财政支出	农民人均纯收入
2006	A 市	7 119.77	285.13	1 059.24	3 000
	全国	15 930.79	2 948.71	3 075.19	3 587
2007	A 市	8 279.03	325.99	1 314.71	3 271
	全国	18 513.65	3 884.22	3 774.44	4 140
2008	A 市	9 343.53	361.05	1 758.34	3 570
	全国	22 640.47	4 636.58	4 720.52	4 761

数据来源:根据 2006—2008 年度全国和 A 市“国民经济和社会发展统计公报”中的相关数据整理得出

2. 教育经费的稳定增长部分源于教育负债

政府财政能力的一个重要标志是财政收入占 GDP 的比例。政府财政收入占 GDP 的比例越高,就越能提高公共教育经费投入指标。A 市 2008 年财政性教育经费(34.73 亿元)占 GDP(834.77 亿元)的比例为 4.16%,率先在中部地区实现了 4% 的目标。依据 20 世纪 80 年代中期发展中国家和发达国家实现平均 4%、5% 的经验,是因为发展中国家和发达国家财政收入占 GDP 的比例平均为 34.98% 和 46.64%。那么 A 市是不是也印证了这一规律呢?

表 4.5　2004—2008 年中部 A 市财政收入与教育投入的总体情况

单位:%

类别/年份	2004	2005	2006	2007	2008
财政收入占 GDP 比例	9.64	9.34	9.73	10.62	11.99
财政性教育经费占财政收入比例	30.75	29.39	31.12	36.71	34.68
财政性教育经费占 GDP 比例	2.98	2.74	3.03	3.90	4.16
预算内教育经费支出占财政支出比例	20.22	19.44	19.47	24.55	22.11

数据来源:2004—2008 年的 A 市教育工作状态(主要数据)表,作者依据相关数据整理得出

表4.5显示，从2004至2008年，A市财政收入占GDP的比例稳步提高，但是所占比例还相当低，最高的2008年财政收入占GDP的比例仅为11.99%，与国际达标4%的要求(30%以上)相差甚远。这说明A市财政收入的增加还不是其实现4%的首要条件。原因何在?

第一，2004年与2008年财政性教育经费占财政收入的比例分别为30.75%和34.68%；而2004年财政性教育经费占GDP的2.98%，2008年的比例则为4.16%。必须承认的是，A市财政收入的增长对4%的实现起了一定的作用，但是作用不是非常明显。

第二，再看预算内教育经费支出占财政支出的比例情况，2008年(22.11%)比2007年(24.55%)下降了2.44个百分点，证明政府在教育经费投入上的支持力度有所下降，进一步揭示出A市财政收入占GDP的比例升高不是实现4%的首要条件。

第三，从财政收入自身来源分析，2007年A市财政收入74.52亿元，本级财政收入38.93亿元，来自于中央和省级政府的返还和补贴约为35.59亿元，这为地方政府教育投入提供了条件，实现了有史以来的最高比例3.90%；2008年A市财政收入为100.13亿元，本级财政收入为55.47亿元，来自于中央和省级政府的返还和补贴约为44.66亿元，这为地方政府进一步加大教育投入比重提供了可能，拓宽了2008年A市财政性教育经费比2007年增长7.37亿元的渠道。

第四，负债扩充教育投入也是实现4%的重要因素。截至2008年年底，A市教育经费累计负债6.13亿元，约占财政性教育经费的1/5。

3.杂费依然是教育经费来源的重要渠道

目前中国基础教育经费来源分为三个部分:国家用于基础教育的经费、社会对基础教育的投入和个人负担的教育费用。国家用于基础教育的经费包括国家预算内教育经费、各级政府依法征收的教育费附加、厂矿企业营业外用于中小学的经费和学校勤工俭学收入减免税部分。社会对基础教育的投入包括社会集资、群众捐资、设立教育基金等。个人负担的教育费用包括学生个人和家长交纳的学费、杂费等。从表4.6我们发现，A市教育经费的来源与负担构成中，国家财政预算内教育经费拨款2006年、2007年、2008年分别为67.72%、75.94%、78.91%，呈逐年增长趋势，说明政府对基础教育经费投入的支持力度越来越大。财政预算外教育经费的比例逐渐缩小，从2006年的32.28%减至2008年的21.19%，但是2008年A市学杂费收入比例仍达15.29%，比上海、北京、浙江等发达地区高出十几个百分点，学生家庭的投入负担过重。

表4.6　2006—2008年中部A市近三年教育经费的来源与负担构成

单位：%

类别 \ 年份	2006	2007	2008	比上一年增长百分点
国家财政预算内教育经费拨款	67.72	75.94	78.91	2.97
各级政府征收用于教育的税费	0.31	3.54	3.30	-0.24
企业办学校教育经费	0.009	0.00	0.00	0.00
校办产业、勤工俭学和社会服务收入用于教育的经费	0.06	0.07	0.006	-0.064
社会团体和公民个人办学经费	5.96	1.99	1.49	-0.50
社会捐资、集资办学经费	0.76	0.62	0.37	-0.25
事业收入（学费、杂费）	21.8	17.13	15.29	-1.84
其他	0.58	0.72	0.63	-0.09

数据来源：A市2006—2008年度综合报表——全国教育经费统计报表，作者依据相关数据整理得出

4.教育投入的重要渠道来自中央和省级政府财政转移支付

2008年，A市19个县（市、区）中共有12个地区的财政性教育经费占地区生产总值的比例超过了4%，但这并不是这些地区自身财政能力所能达到的指标。从表4.7可以看出，在12个实现公共教育经费投入目标的地区，其预算内教育经费占本级财政一般预算收入的比例都非常高，最低的也是50%以上；如果仅靠本级财政收入，是不可能拿出这么大比例来发展教育的。以A3县为例，该县2008年财政性经常收入0.99亿元，财政支出5.32亿元，财政支出是财政性经常收入的5.37倍；财政收入（2.08亿元）占GDP（23.01亿元）的9.04%，

财政性教育经费占 GDP 的 4.08%。A3 县政府要拿出近一半的经费投入教育,意味着要把 A3 县本级财政收入 1.33 亿元全部投入教育,把经济类等其他项目搁置,这是很难做到的。

表 4.7　2008 年中部 A 市内 12 个县(市)财政性教育经费与预算内教育经费支出所占比例情况

单位:%

县(市) 类别	A1	A2	A3	A4	A5	A6	A7	A8	A9	A10	A11	A12
财政性教育经费占 GDP 的比例	4.05	4.78	4.08	4.04	6.62	5.24	5.69	5.14	5.05	6.39	5.04	6.86
预算内教育经费支出占地方财政一般预算收入之比	63.58	74.22	68.58	53.22	130	63.13	120	119	98.74	142	90.86	121

数据来源:A 市 2008 年度综合报表——全国教育经费统计报表,作者依据相关数据整理得出

A 市其他各县(市、区)的情况与 A3 县类似,甚至部分县(市、区)来自中央和省的补贴收入在财政经常性收入中的比例更大。譬如,财政性教育经费占 GDP 比例(6.86%)最高的 A12 县,其财政支出(4.99 亿元)为财政性经常收入(0.91 亿元)的 5.48 倍;该县预算内教育经费支出(1.22 亿元)是地方财政一般预算收入(1.01 亿元)的 1.21 倍,占财政总收入(1.43 亿元)的 85.31%,为财政性经常收入(0.91 亿元)的 1.34 倍,很显然,教育经费投入总额远远超过地方财政收入的承受能力,教育经费来源不可能来自地方财政收入。

这进一步说明,12 个县(市、区)实现了 4% 的目标存在很多原因,但共同之处则是它们自身之外的财力因素。从整个 A 市的角度看,A 市 2008 年财政支出(157.09 亿元)为其财政性经常收入(32.26 亿元)的 4.87 倍,预算内教育经费支出(34.73 亿元)占地方财政一般预算收入的 62.52%,显然 A 地方财力难以支持 4% 的实现。与北京 2005 年实现 4% 的情况相比:

(1)北京的财政收入占地区生产总值的当年比例(18.10%)比 A 市(11.99%)高出 6.11 个百分点;

(2)北京本级财政预算内教育经费(含城市教育费附加)占财政支出的当年比例(19.69%)比 A 市(2.09%)高出 17.6 个百分点;

(3)中央预算内教育拨款(118.85亿元)占北京当年的预算内教育经费总额的38.31%,依据这一比例测算,A市2008年实现4%,至少需要上级政府预算内教育拨款占预算内教育经费总额的54.71%。

显然,A市教育经费投入指标在2008年达到4%,在客观上的重要原因是来自中央政府和省级政府的财政补贴和转移支付;从主观上讲,由于中部地区的县市级政府财政能力不足,对教育经费的投入严重依赖中央政府和省级政府的财政支持。

5. 中部地区教育供给规模居于首位

通过对中部地区A市的教育供给能力的考察,可以得出A市内部各县(市、区)的教育供给能力比较弱,综合第一章三类地区的教育供给质量分析,其结果是中部地区内县(市、区)政府教育供给能力都比较弱。但是,从表4.8和表4.9数据可获得:

表4.8　2004—2008年三类地区每万人口中小学在校学生规模的距平值比较

单位:人

	全国均值	东部距平值	中部距平值	西部距平值
2004	805.88	-68.45	+116.74	-79.19
2005	779.32	-43.43	+109.64	-90.28
2006	800.77	-51.77	+157.00	-140.68
2007	821.57	-63.08	+208.65	-203.16
2008	791.01	-47.89	+207.05	-217.27

(1)三类地区的每万人口中小学在校学生规模的均值五年间均高出全国均值;而东部、西部地区的小学规模的均值都呈负数,低于全国均值。与全国均值相比,其中东部地区的小学学生规模的距平值呈波浪式下降趋势,中部则一直呈较高增长趋势,西部一直呈非常低的下降趋势。(2)三类地区的每万人口中初中在校学生规模则是东部地区一直低于全国均值,但离均值越来越近;中部地区一直呈下降趋势,2007年开始低于全国均值;西部地区均值从低于全国均值,但呈减小趋势,2007年之后开始高于全国均值。不过由于小学基数比初中基数大,依然是中部地区的义务教育在校学生数规模排名第一,东部地区排名第二,西部地区排名第三。这种格局,形成了中部地区典型的"弱政府大教育"

的教育供给模式。

表4.9　2004—2008年三类地区每万人口中初中在校学生规模的距平值比较

单位:人

	全国均值	东部距平值	中部距平值	西部距平值
2004	426.29	-161.48	+135.16	-48.01
2005	404.18	-136.39	+105.18	-27.30
2006	399.65	-54.65	+44.03	-7.18
2007	374.45	-15.01	-3.79	+24.84
2008	357.91	-3.34	-25.10	+38.46

三、东部地区"大政府强教育"供给模式

经济约束的市场竞争性使得地方政府之间的竞争向发达地区倾斜,形成一种区际之间非对称发展状态。东部地区各县(市、区)提供公共服务的范围逐渐扩大,并利用社会力量参与公共服务的提供和生产。义务教育作为公共服务内容之一,其社会效益远大于其私人利益,成为一种正外部性很强的公共产品。根据凯恩斯主义经济理论框架,财政完全承担义务教育费用,相当于实行扩张性财政政策。而且,义务教育的免费特征,要求国家财政承担义务教育的全部费用。

作为我国经济方阵前列的东部地区,选择了政府直接把费用按学生数量全额拨付给各级各类学校,"学生上学,政府买单"的支付模式。在保障每个公民的义务教育过程中,学生享受平等教育权利差别不大;对于体现教育资源配置的教育机会均等权利,东部地区学生比中西部学生有优势。借用"大政府"倡导者的观点分析,在区域教育供给领域中,东部地区各县(市、区)把个体利益与公共利益、个人自由与社会发展、社会权利与国家权力结合起来,在保障义务教育的供给与公共性,以及扩大义务教育福利与教育机会均等方面都比中西部地区要强,即所谓的"大政府强教育"的区域教育供给模式已基本形成。

1. 东部地区人均GDP稳步上升增强了教育供给能力

相对中西部地区而言,东部地区市场体制日渐完善,经济发展增速稳定,各县(市、区)整体经济实力不断增强。东部地区与中部地区的人均GDP相差较

大,两者之比 2004 年是 7.54,2005 年是 7.66,2006 年是 7.63,2007 年是 7.55,2008 年是 7.63。GDP 反映了不同地区经济增长的速度和规模。GDP 作为经济总量的代表,直接影响了地方政府在做出提供公共服务决策时财政分配的权重。在理论上,GDP 总量越大,分配给义务教育发展的资金越大,地方政府对免费义务教育供给质量的要求就越高。在三类地区的人均 GDP 的比较中,五年间东部地区的人均 GDP 与中部地区之比,高居于 7.5 以上。事实上,东部地区在市场机制中居于竞争优势,具备提供高质量公共服务的能力,一种免费提供义务教育服务的"大政府"职能的实现具备可能性。

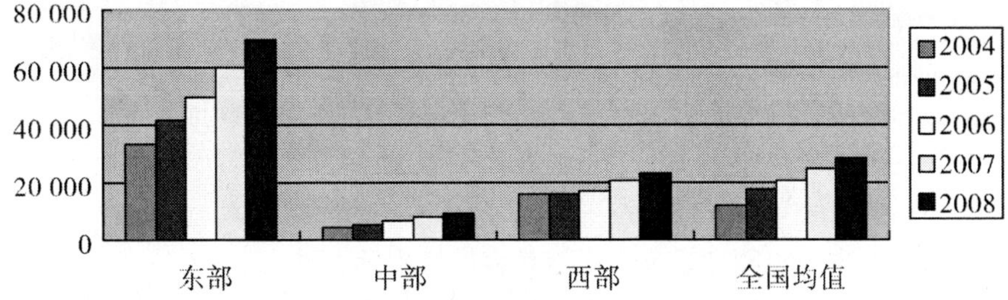

图 4.1　2004—2008 年三类地区人均 GDP 比较

2. 人均财政支出决定了教育供给能力的实现程度

政府财政的本质就是集中提供经济社会不可或缺的公共产品以满足经济社会不断增长、变化的公共需求。这种财政本质决定了社会必须按照满足经济社会公共需求的范围来大体限定政府发挥其基本职能作用的合理范围,政府财政活动的主要目标在于按照公众合意的标准来提供足够的公共产品和公共服务,政府不能随意变动其财政活动内容,而只能按照不同经济发展时期公众对公共需求内容与数量的改变来调整它的财政活动内容。[①] 从政府财政的内涵出发,财政支出的目的则是源于"公共需求"或"公共利益",为实现公共产品服务的。在不同地区,衡量"公共利益"(提供义务教育服务)实现是取决于财政支出的总量。2004—2008 年期间,三类地区的人均财政支出的情况为东部地区与西部高于全国均值,中部地区始终低于全国均值,最为突出的是东部地区与中

① 张志超:《现代财政学原理》,14 页,天津,南开大学出版社,1999。

部地区的人均财政支出相差悬殊。2004 年东部地区的人均财政支出与中部地区的人均财政支出之比为 2.62，2005 年两者之比为 2.74，2006 年两者之比为 2.72，2007 年两者之比为 3.23，2008 年两者之比为 2.24。这一系列数据表明，东部地区人均财政支出的增长绝对量居于前列，居民享受的公共服务质量有了物质基础，诸如医疗、教育等服务的提供能够实现。

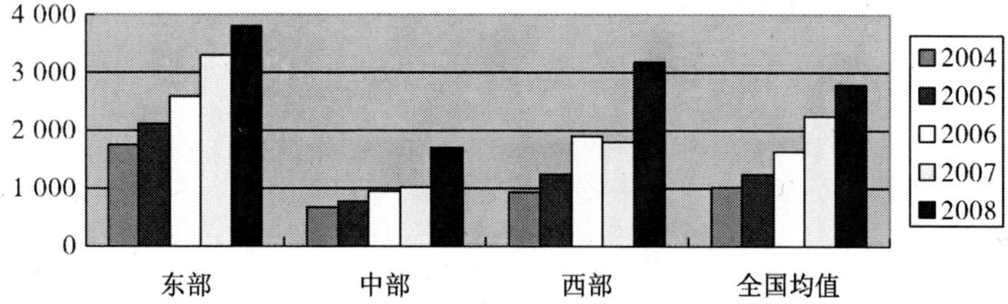

图 4.2　2004—2008 年三类地区人均财政支出比较

3. 生均公用经费额度呈现出区域教育供给质量水平

生均公用经费一般作为衡量不同地区之间教育供给质量差异的间接指标。图 4.3 和图 4.4 显示，东部地区生均公用经费的人均含量远高于全国均值，与中西部地区之间的差距非常明显。这意味着东部地区的教育供给质量比中西部要高，提供教育服务的水平也要高些。从小学生均公用经费角度分析，东部地区与中部地区之比，2004 年为 35.3∶1，2005 年为 21.1∶1，2006 年为 8.6∶1，2007 年为 4.9∶1，2008 年为 3.8∶1。从初中生均公用经费角度分析，东部地区与中部地区之比，2004 年为 34.7∶1，2005 年为 27.6∶1，2006 年为 10.4∶1，2007 年为 6.1∶1，2008 年为 3.9∶1。生均公用经费直接影响到学校教育教学业务与管理、教师培训、文体活动、图书资料以及基础建设等方面，东部地区与中部地区的生均公用经费之比相差过于悬殊，这说明东部地区教育供给质量水平必然高于中部地区。

4. 师资水平直接影响区域间教育供给的竞争力

当前影响教育供给质量的核心在于师资水平。区域间的师资素质差异较大。相对欠发达县（市、区）的教师在新课改的实施过程中，对课改出现的新情况束手无策，“穿新鞋走老路”的教学现状影响了新课改的深入实施。同时，同一地区内县（市、区）之间的教师配置不均衡，导致市区所在地学校、交通便利的

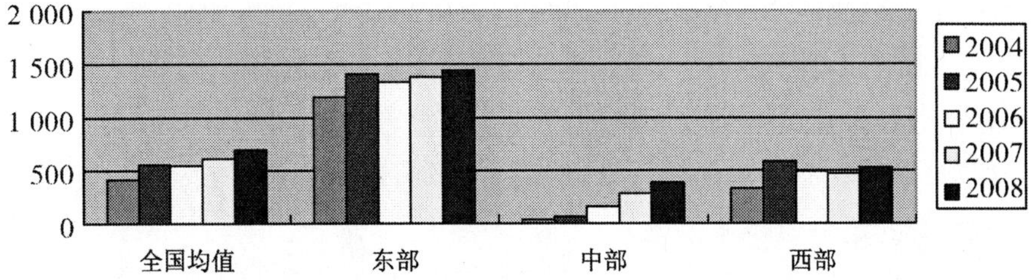

图 4.3　2004—2008 年三类地区小学生均公用经费比较

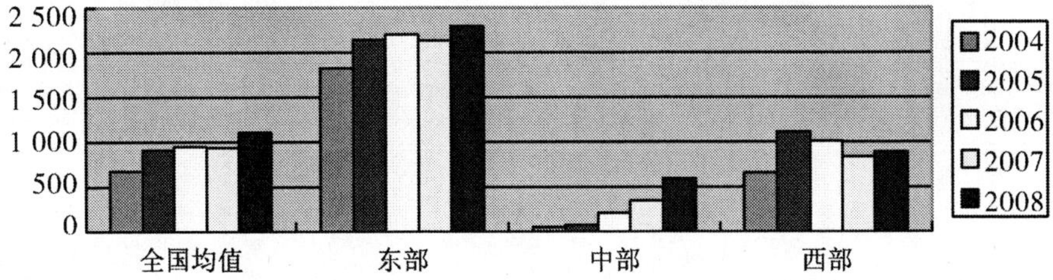

图 4.4　2004—2008 年三类地区初中生均公用经费比较

学校人员富余，而由于新教师更新补充的规范机制尚未完善，远郊县（市、区）的学校教学急需的新教师却得不到及时的补充。此外，在学校资源本身的影响下，教师培训的频率与质量也呈现出不同趋势，薄弱县（市、区）的教师接受培训的频率低、质量差。

教师水平的高低受很多要素影响，诸如学历、职称、教龄、培训机会等核心因素。在此，运用师资队伍中的学历情况来进行比较，是基于学历情况在全国的标准是统一的，更具有可比性。按照国家对中小学教师从事教育教学的学历标准，小学为中专，初中为大专为基础，采纳小学大专及以上学历比和初中本科及以上学历比进行分析。总体上得出，东部地区无论是小学师资水平还是初中师资水平都高于全国均值，与中部地区相比尤为突出。其中小学教师中专科及以上学历比的情况，东部地区 2004 年比中部地区高 41.96%，2005 年比中部地区高 40.64%，2006 年比中部地区高50.79%，2007 年比中部地区高 45.78%，2008 年比中部地区高 44.5%。初中教师中本科及以上学历比的情况，东部地区 2004 年比中部地区高50.58%，2005 年比中部地区高 51.83%，2006 年比中部地区高52.65%,2007年比中部地区高52.52%,2008年比中部地区高50.31%。综合小学和初中教师的学历水平情况,东部地区的师资水平远高于中部地区,东部地区学校提供的教育教学服务质量显著高于中部地区。师资水平的优势,直接有助于东部地区教育供给水平的竞争力提升,特别是教育供给质量软实力的竞争力增强。

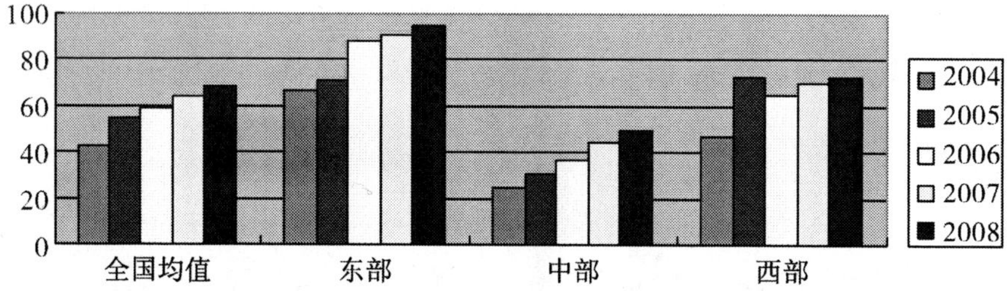

图4.5　2004—2008年三类地区小学专科及以上学历比情况

5.社会力量的有效参与提升教育供给水平

在义务教育阶段,社会力量参与教育供给有助于教育经费投入的增长,有助于教育供给水平的增长。在不断增长的教育经费投入的来源中,四年期间东部某市的国家财政性教育经费比例依次为60.59%、62.07%、63.77%、68.33%,政府财政外各项投入中除了来自学杂费收入外的比例(社会力量各项投入之和)为22.3%、22.54%、22.63%、20.07%,基本上略高于教育投入的1/5。从可比性而言,选择表4.6中的中部地区A市的教育投入做分析,国家财政之外的各项投入(除了学杂费之外)的比例则是2006年占10.48%、2007年占6.93%、2008年占5.9%。相比之下,东部地区的国家财政外的经费来源相对充足,除了来自学生缴纳的学杂费之外依然稳居总经费来源的20%左右;这种现象呈现出东部地区社会力量参与教育供给的热情比较高,有利于形成提高该区域内教育供给水平的良性竞争格局。很明显,经济约束的市场竞争性更有利于经济较发达的东部地区提供教育服务,"大政府强教育"的区域教育供给模式逐渐形成。

表 4.10　2004—2007 年东部 B 市教育经费的来源与负担构成

单位:%

年份 / 类别	2004	2005	2006	2007
国家财政预算内教育经费拨款	60.59	62.07	63.77	68.33
政府财政外各项投入经费	39.41	37.93	36.23	31.67
政府财政外各项投入中学杂费收入	17.11	15.39	13.60	11.60

数据来源:东部 B 市 2004—2007 年度教育投入综合报表的相关数据整理得出

教育市场中的学校竞争将会带来什么样的效率结果呢?从微观层面分析,是学校在给定的资源使用水平下产出教育结果的能力;从宏观层面分析,是如何实现促进和保持学校所处其中的某种选择体系的目标。

第一,微观层面的效率。教育市场倡导者的主要主张之一就是,学校教育方面,供给者之间的市场选择和竞争机制能比任何公共控制的方法创造更高的效率。假设唯一的标准是消费者的权利,毫无疑问,市场选择方法比公共选择方法更有效率。

第二,宏观层面的效率。任何形式的学校选择都要求一定范围的机构在宏观层面上使选择有效并且可行。这些选择,需要具备一定的要素。以加利福尼亚州关于家庭的教育选择权的立法提案为例,主要包括①:信息(所有相关信息可以通过学校或学校之外的渠道获得,保证没有文化的家长和其他有特殊信息需求的人可以获得单独咨询的服务)、规定(当学校进入选择市场后,必须有介于国家和学校之间的中介机构去发展和保持对学校的监督功能)、判决(有必要建立一种机制来表达父母对于误导性信息或其他实践活动的抱怨,因为他们发现这些信息或实践活动不适合他们的孩子,去决定从一个学校转移到另一个学校的财政条件和其他条件)、入学(推进教育市场选择,政府必须确保每一个学生都能进入一所合格的学校)、交通(考虑家庭可获得的教育选择的数量)。

市场选择中,宏观效率需要政府对教育活动加以扩展并进行管理,从而解决市场方法及大量学校促成的多样性带来的困境。市场选择方法可以在一定条件下改进宏观效率,提高更多的竞争性收益。

---

① [美]埃尔查南·科恩(Elchanan Cohn)编著,刘笑飞等译:《教育券与学校选择》,53 页,北京,北京师范大学出版社,2008。

第五章　我国区域教育供给机制重建的对策分析

经济学家吴敬琏认为,“对于这种要把所有的教育活动一概变成营利性活动的主张,我认为是不妥当的。教育分为许多不同的门类,其中一部分提供一般的技能训练,是可以商品化、市场化的,但还有相当一部分,例如基础教育,具有经济学所谓‘外部性’,就是说它提供给行为者本身的效益远远小于提供给社会的效益,这类教育活动就不应当由市场导向”。① 区域教育供给也会给个人带来收益,在尊重家长选择权的基础上,也可以在一定条件下由家长出钱购买适合孩子的教育。不过,这种供给机制重建应注重“公平导向下的优质教育”,为家长和他们的孩子提供合适的教育。当然,区域教育供给与方式的选择取决于区域教育供给的实际水平。在第一章、第二章、第三章的论述与分析中,可以得出几点对策。

第一,我国区域间教育供给水平差异产生的最主要原因是经济发展存在较大的差异,因此,解决区域教育供给水平差异的最根本对策是缩小地区间经济发展的差距。

第二,财政分权是影响地区间教育供给水平差异的重要制度性因素,加速欠发达地区的教育财政供给能力是缩小地区间教育供给水平差异的一项重要措施。

第三,提高市场化水平。从“以县为主”的教育体制看,教育投入更重要的是依赖地区经济发展状态。不同区域内的市场成熟与否,与居民经济支配能力

① 吴敬琏:《怀念张伯苓校长》[J/OL]. http://www.people.com.cn/GB/paper81/6197/614015.html

以及社会力量参与教育提供密切相关。市场化程度越高的地区,社会力量参与教育供给的需求就越旺盛,各种激励机制也越成熟,教育供给质量就越高。

第四,教育供给水平的差距与学生规模相关,比如中部地区人口密度较大,但是教育经费投入增长跟不上,依赖国家的转移支付只能达到最低的投入水平,而难以提升教育供给质量。

依据这些结论,本章从区域教育的均等化目标出发,进一步探讨如何缩小区域教育供给水平差异,以期重建我国区域教育供给机制。

第一节　区域教育供给的均等化目标

在公共行政改革的框架下,我国政府管理公共教育的职能和角色发生了变化。中央政府减少了对公共教育的控制,从对公共教育的直接干预转变为宏观调控,通过各种政策杠杆(质量评估、质量审核以及拨款制度等)对公共教育进行"遥远"监督和控制,减少对学校的财政、人事、课程等方面的管制,以市场力量取代政府干预,将更多的决策权下放给地方和学校,赋予它们更大的管理弹性。应该说,引入市场机制,提倡分权放权、解除管制和顾客导向有利于提高行政效率和质量,也有利于提高教育供给质量和效益。但是,必须看到,以市场化、私有化以及新自由主义为指导的教育供给机制改革,在减轻政府财政负担的同时,却有可能使政府推卸应有的责任;在提高效率和效益的同时,却有可能忽视社会弱势群体;在增强市场活力的同时,却有可能导致公共政策的缺位。这一切必将损害社会的公共利益,并最终导致不同区域之间的教育供给水平差异进一步拉大。

伴随着经济实力的增长,我国政府倡导教育公平,主张扩大教育机会均等和教育福利。这一理念首次写进我国教育法律。新《义务教育法》第二条规定:义务教育是国家统一实施的所有适龄儿童、少年必须接受的教育,是国家必须予以保障的公益性事业。实施义务教育,不收学费、杂费。国家建立义务教育经费保障机制,保证义务教育制度实施。近年来,与法律相配套的一系列教育政策,诸如"两免一补政策"、就近入学政策、政府为农村义务教育负债埋单,都以教育公平为首要目标。在区域教育供给水平差异的实证分析结论中,三类地区之间的教育供给水平差异过大,而且不同地区内部的县(市、区)之间的绝对差距也在不断扩大。这两种差距严重影响我国教育公平,导致实现教育供给的均等化目标更加困难。

一、区域教育供给水平均等化的提出背景

依据全国第六次人口普查的结果,影响义务教育发展的城镇与农村居民的比例分别是42.99%、57.01%,0~14岁的人口占总人口的20.27%;中部安徽、江西、河南等地区居住在乡村的人口比例平均达60%以上,东部北京、上海、广东等地区居住在乡村的人口比例平均为20%左右。我国城镇化进程加速,依然没有改变农业人口大国的局面,这意味着我国区域教育供给水平很大程度上取决于较落后地区、较落后县(市、区)和农村的教育供给水平状况。2006年以来,我国学龄儿童入学率和小学升初中入学率年均分别下降0.5和0.15个百分点。[①] 其中重要原因之一,就是进城务工人员子女受教育问题,一方面可能形成留守儿童辍学情况,另一方面可能形成城市学校歧视性高收费问题。推进教育公平亟须解决这些问题,需要强化教育的公益性和普惠性,需要保障城乡居民享有接受平等教育的机会。而教育公平的重点是建立覆盖城乡居民的基本公共教育服务体系,实现基本公共教育服务均等化,尤其要建立健全城乡一体化的义务教育发展、投入、资助和保障机制。在第一章的实证分析中,我国教育供给水平差异出现总体不平等、区域性不均等、区域内县(市、区)之间不均等现象,正因为这些不均等问题,为我们提供了实现教育供给均等化改革的契机。

1. 财政分权引导中央与地方政府共同提供教育

中央与地方政府共同提供教育的前提就是政府职能的转变和财政分权体制的建构。政府分权在这里有两层含义:一是中央政府向地方分权,譬如公共教育尤其是基础教育的责任交给地方;二是地方政府相关部门向学校分权,真正落实学校自主办学权。就前者而言,自20世纪80年代以来,公共教育集权

---

① 李欣欣:《转型期教育改革方略:进一步调整优化教育结构》,载《瞭望新闻周刊》,2010(23),30~31页。

体制下政府统包统揽公共教育一切事务的局面开始转变。从《中共中央关于教育体制改革的决定》(1985)执行开始,我国中央政府明确把基础教育发展的权力与责任交给地方。公共教育地方化的思想在《中华人民共和国义务教育法实施细则》(1992)中得到有效贯彻,该细则的第三条、第四条、第二十六条分别规定了省、县、乡发展义务教育的管理和经费筹措的权力与责任。此后,《中华人民共和国教育法》(1995)第十四条规定:"国务院和地方各级人民政府根据分级管理、分工负责的原则,领导和管理教育工作。"我国正式以法律的形式确立了中央与地方政府在公共教育事业中的基本责任框架。进入21世纪以来,《中华人民共和国宪法修正案》(2004)以最高法的形式,将"充分发挥地方的主动性、积极性的原则"作为公共教育事业发展的基本原则。而《中华人民共和国义务教育法》(2006)则进一步较为清晰地规定了地方政府在义务教育管理、规划、投入等方面的权益,使得公共教育地方化的思想最终实现。新《义务教育法》的出台,不仅有利于中央与地方政府责任共担、利益分享,而且也大大激发了地方政府的办学热情。地方政府在教育供给过程中发挥重要作用,加速教育供给方式的分权化发展。

在中央政府向地方政府分权的同时,地方政府也开始向学校放权,积极推动学校自主发展的进程。我们在对教育局局长的调查与访谈中可以感受到这种放权。地方政府向学校放权主要体现在:

(1)主动承担责任,积极运用政策调控教育发展。在涉及学校教育不令人满意的责任者时,大部分教育局局长认为政府应承担主要责任。在涉及区域教育变革的成功因素时,50%的教育局局长认为教育改革理念最重要,教育政策与教育经费的重要性则分别为25%和28%。同时教育局局长们认为影响教育发展的主要障碍是教育资源配置不均,其次则是经费不足。在涉及解决教育发展的问题时,大部分教育局局长主张及时出台相应的政策进行引导,而硬性禁止和规定只能作为一种补充手段。

(2)推行民主、公开的管理。县(市、区)政府在选拔教育局局长时,开始征询教育局内部行政人员和校长代表的意见。在进行学校评价时,教育局更多采用公开标准的"绩效评估"。在进行教育决策时,教育局局长开始考虑学校、家长和学生的需求,而不仅仅是上级政府的指令。

(3)对学校的直接干预减少。在问及教育局在公共教育发展中应扮演何种角色时,大部分教育局局长首选管理者,其次是协调者、决策者、监督者。这里明显地体现了义务教育“以县为主”的管理原则。这种管理体制下如何落实校长负责制呢?大部分教育局局长认为应把学校人事权交给校长。学校内部事务,诸如学校教学计划的制订、考试次数、设备添置等,大部分教育局局长都认为不应干预。在学校教师职称评定方面,很多教育局局长认为学校应扮演决定者角色,其次分别是执行者、建议者和协调者。从访谈与调研结果看,地方政府开始为学校松绑,学校参与教育供给过程的主体角色更为突出。

2. 学校与教育消费者参与教育提供与生产过程的意愿与能力增强

在社会转型期间,我国公共教育治理越来越需要不同主体之间的共同参与和多边互动。学校与教育消费者(学习者与家长)也越来越关注公立学校教育的发展。访谈与调研结果显示:

(1)从学校层面看,学校办学自主权还没有完全落实,最为突出的是学校人事权。学校作为提供公共教育的机构,理应成为教育治理的主体之一。但是由于我国公立学校体制还处在从行政关系向契约关系的转变阶段,学校自主权还没有完全落实。很多校长认为学校教育存在问题时学校应承担主要责任。这说明校长愿意承担学校发展的责任,具有参与教育治理的愿望。尤其是对于学校自主管理的事情,校长们不愿意成为执行者,而更愿意成为决定者。

作为学校的代表,校长们希望教育政策能够符合学校实际,满足学校发展的需要。他们希望教育局在制定涉及整个区域教育发展的政策时,能够征询学校、家长和社会代表的意见。由于我国教育政策制定程序的官方性,学校、家长与社会代表很少有机会参与,因此出台的教育政策经常不能满足学校发展的实际需要。大部分校长坦言,在执行学校变革与发展的政策文件时,他们都是原则服从,执行中渗入自己的观点。

(2)从教育消费者角度分析,学习者或其家长作为公共教育服务的消费者,有权选择和获得满意的教育服务。这样,学习者或其家长有权根据自己的需要和满意度来选择某类学校、某类教育内容,甚至选择某位教师。在这种新型关系之中，学习者或其家长成为真正的教育治理主体。反之，政府、学校和教师作为教育服务贸易的提供者，有义务按照国家的教育标准和自己对学习者的承诺，来提供合格的教育服务。[①] 因此，学习者或其家长有权利对购买服务的质量进行质询和监督，在教育供给过程中发挥主人翁的精神积极参与教育的公共治理。访谈与调研结果显示，家长们希望政府在教育改革中履行四种角色，即决策者、引领者、协调者与监督者，而不是学校教育变革的具体实施者。他们希望学校与政府相脱离，政府不能成为学校的保护伞。政府在把相应的权利交给学校时，必须使学校承担相应的责任。学校不仅仅是对政府负责，更应该是对家长和学生负责。

家长们希望公共教育治理形成一种制约机制，尤其是制约政府与学校的权利扩张，以实现政府与学校有效回应家长与学生对公共教育的需求。他们认为，家长与学生代表应该参与校长选拔的投票，以改变传统的学校责任机制，使家长与学生有权利对不称职的校长说不。当被问及与邻近区域相比，教育发展速度慢与改革失败，是否应对教育局局长实行责任追究时，超过 85% 的家长认为应该追究教育局局长的责任。当被问及与同类学校相比，教育质量明显低下与管理混乱，是否应对校长实行责任追究时，超过 90% 的家长认为应该追究校长责任。此外，家长还一致呼吁教育局与学校都需要建立重要决策和财务公示制度，保障消费者的知情权。

3. 社会力量逐渐介入教育供给领域

这里所指的社会力量，是《中华人民共和国教育法》(1995)中所规定的企业事业组织、社会团体及其他社会组织和个人等参与提供教育服务的力量。这些社会力量举办实施义务教育学校的事业费和基本建设投资，由办学单位或者经国家批准的私人办学者负责筹措，各级人民政府可以给予适当支持。实际上，这是在公共教育领域引入市场机制，形成教育市场中的竞争机制。在我国，社会力量介入教育提供与生产服务，更多地通过民办学校发展来体现。

---

① 劳凯声:《面临挑战的教育公益性》,载《教育研究》,2003(2),5 页。

案例一：

浙江的教育业主体大部分是由政府财政投入，要满足教育扩展的需要，除了政府加大投入以外，还要开源节流，广泛引进社会团体、国有企业、民营企业、个人和其他社会团体，发展非公办高等教育。浙江有很多富有实力的民营企业，其中的一部分已经开始逐步向教育业投资，绿城集团于2001年成立教育投资子公司，华盛达、求实集团等企业也已经在省内多地投资建设了几所民办中学，温州大学也成为省内第一所产业化的高校，缓解公立学校吸纳学生压力的同时，分担了政府财政教育支出的压力，也互相竞争，提高教育质量。①

（1）社会团体和个人办学经费占教育总经费的投入比例逐步增大

自1996年以来，我国社会团体和公民个人办学经费逐年增加，社会团体和公民个人用于义务教育办学的经费占义务教育经费的比重由1996年的0.30%上升到2005年的4.55%，增长了近15倍。从图5.1的结果发现，除去1996年以外，社会团体和公民个人办学经费用于初级中学的比例始终高于普通小学。而且社会团体和公民个人办学经费用于初级中学的比例增长速度也要快于普通小学。

（2）社会捐资和集资办学用于义务教育经费的比例逐渐缩小

从1997年以来，我国社会捐资和集资办学经费在逐年下降，社会捐资和集资用于义务教育办学的经费占义务教育经费的比重由1997年的9.43%下降至2005年的1.31%，降低了8.12%。从图5.2的数据统计看，社会捐资和集资办学用于普通小学和初级中学的经费占普通小学和初级中学经费的比例始终不相上下。

（3）民办学校数量和在校学生数呈扩大趋势

根据《2002年中国民办教育绿皮书》的数据显示，截至2001年民办中小学发展的规模如下：①民办小学数4 846所，占全国小学数491 273所的0.99%；民办小学在校生数1 818 438人，占全国小学在校生数125 435 000人的1.45%。②民办中学3 764所，占全国普通中学数80 432所的4.68%；民办中

① 俞书傲、刘天森：《浙江省教育投资对经济增长贡献探讨》，载《现代商贸工业》，2012(6)，62页。

学在校生数 2 328 698 人，占全国普通中学在校生数 78 360 000 人的 2.97%。在 2002 年《中华人民共和国民办教育促进法》颁布后，2003 年民办小学5 676 所，在校生数 274.9 万人，占全国在校生数的 2.9%。据教育部发表的《2006 年全国教育事业发展统计公报》，2006 年全国共有各级各类民办学校（教育机构）9.32 万所（不含民办培训机构 2.35 万所），各类学历教育在校学生达 2 313.02 万人。其中民办普通小学 6 161 所，在校生 412.09 万人；民办普通初中 4 550 所，在校生 394.06 万人。

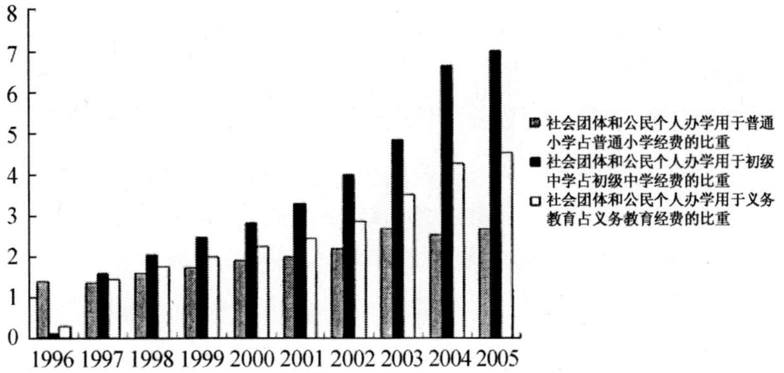

数据来源：1997—2009年《国家统计年鉴》

图 5.1　社会团体和公民个人办学经费与总体教育经费的比例（%）

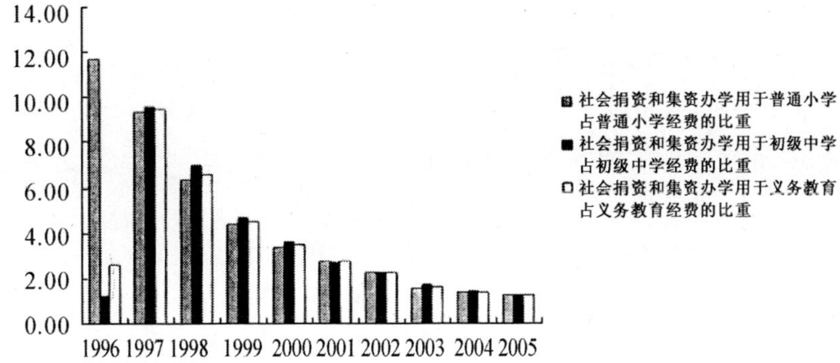

数据来源：1997—2009年《国家统计年鉴》

图 5.2　社会捐资和集资办学经费与总体教育经费的比例（%）

民办教育的不断发展，昭示着社会力量对教育提供与生产的影响越来越大。特别是中共"十七大"提倡的政府职能进一步转变，规范政府在市场经济中的行为，改变公共产品的提供方式，由直接提供公共教育服务转变为以多种方式和途径满足社会和家长的教育需求，为社会力量在公共教育领域的存在提供了制度空间。社会力量真正成为教育提供和生产主体之一，将有助于提高教育公共服务的品质和效率，增加教育的选择性和丰富性。

二、区域教育供给水平均等化的内涵

公共服务均等化主要是指公共产品的提供和生产的均等化，是公共产品的供给与需求相对平衡的一种状态。其主旨为：

第一，全体公民享有基本公共服务的机会应该均等。

第二，全体公民享有基本公共服务的结果应该大体相等。

第三，在提供大体均等的基本公共服务的过程中，尊重社会成员的自由选择权。①

区域教育供给水平均等化的提出，是政府公共服务方式变革的直接后果，是经济社会发展到一定阶段的具体产物，是人们对接受义务教育服务的一种现实需求。区域教育供给均等化是指"政府要为社会公众提供基本的、在不同阶段具有不同标准的、最终大致均等的义务教育物品和服务"。其主要实现手段是政府间转移支付制度。依据我国具体情况分析，区域教育供给均等化体现的是政府职能的延伸，是政府对义务教育财政投入责任的承担；同时强调义务教育服务的"相对均衡"，强调教育公平与教育效率的统一。

具体来说，义务教育供给水平均等化的内涵体现在：

（1）义务教育供给的投入来源于国民收入，那么在满足一定条件的情况下，义务教育规模总量越大，全民受教育水平越高；义务教育供给质量越是均等化，全民受教育水平也越高。

（2）根据罗尔斯《正义论》中的补偿原则，经济发展到一定阶段，国家投入

① 廖文剑：《基本公共服务均等化研究文献综述》，载《辽宁行政学院学报》，2008(9)，18 页。

义务教育经费越大，教育公正的保障性越高；通过义务教育财政转移支付均衡义务教育供给水平，将增加教育公正。

（3）义务教育供给水平均等化是教育公共性与公共利益性的重要影响因素，义务教育财政支持义务教育供给水平均等化，更有利于义务教育的公共利益的实现、促进教育的发展；义务教育资源分配要合理化，提倡充分考虑个人教育"需求"的"相对均等化"，而非简单的"平均化"。

（4）义务教育供给水平均等化能促进个人能力的提高，进而提高社会福利；义务教育供给水平均等化是一项保障全民基本受教育权、提高全民文化素质的政府政策。

（5）因义务教育提供和生产具有非排他性和非竞争性，实施义务教育供给水平均等化符合帕累托改进原则，达到了帕累托最优定理优化义务教育供给资源配置的要求，从而，从效率的要求出发实现了效率与公平兼顾的结果。

三、区域教育供给水平均等化的基本原则

经济学家迈克鲁尔指出："职能和税基在各级政府之间的划分取决于收益的地理范围、生产和行政的规模经济、决策成本、纳税人及公共服务接受人的流动性，以及表达情感强度中投票交易的好处。对于准公共产品而言，还需要考虑人均财富量。"①根据迈克鲁尔的这一观点，区域教育供给水平均等化与教育提供和生产制度密切相关，并且受到市场经济体制的重要影响。其影响突出体现在，世界各国力图通过教育市场化改革提升教育供给水平，促使教育供给水平的均等化发展。

英国在1987年的《教育改革议案》提出："政府倾向于从市场理论的角度看学校，使消费者在学校事务中具有更多的影响力。解除家长为子女选择学校的人为限制，通过把个人的选择权和受教育的责任都交还给个人，摆脱对国家的

① 布朗、杰克逊：《公共部门经济学》，第四版，221页，北京，中国人民大学出版社，2000。Mclure C. E., "The interstate exporting of state and local taxes," *National Tax Journal*, XX(1971), pp. 462.

依赖,使教育提供者和教育消费者之间建立直接的经济关系。”①而《1988年教育改革法》引发的教育系统改革,则直接激发了“中央政府、地方政府和学校之间权力平衡的深刻变革”。同一时段,美国以1983年《国家处在危险之中:教育改革势在必行》的报告为契机,积极推动公立学校改革,将市场的竞争机制引入教育领域,通过公共教育私营化、教育分权、择校运动等促进教育资源的优化配置,进行公共教育重建。此后的新西兰、澳大利亚、日本也相继开始公共教育市场化改革。这些改革结果突出表现在:(1)公共教育经费的提供方式的主体是政府,但市场资金开始逐步进入。(2)公共教育的运行机制需要竞争,有利于优化教育资源配置。(3)在相应的法律规章界定下,公共教育提供组织可以交由非营利组织管理。

我国在改革开放之后受到了西方公共教育市场化改革思潮的影响,传统的政府包办公共教育的做法开始受到冲击,例如广东的教育储备金制度、浙江台州地区的教育股份制、上海的转制学校,以及浙江长兴发行的“教育券”等这些改革都是由于政府职能转变而产生的对传统公共教育治理的冲击,而引发这种冲击的根源是政府的职能转变。劳凯声教授在评析西方政府公共教育改革采纳的择校、竞争、学校自主权和凭单制等政策思路之后,依据市场介入公立学校的程度,把我国公立学校市场化运作概括为:学校的象征性市场化运作、公立学校的局部运作市场化、公立学校“一校两制”的市场化运作、转制学校的市场化运作、股份制学校的市场化运作、教育中介组织的市场化运作、教育券制度等②。现实中,政府对许多的私立学校也有不同形式的投入,这些投入包括定向资助、减免费用和补助等形式。政府投入教育经费并不等于政府直接办学,而且传统意义的公立学校也在越来越多地从政府拨款以外获取经费资助。总之,在市场经济体制影响下,区域教育供给水平实现均等化需要遵循下列原则:

1. 坚持差异的平等观

---

① [日]铃木慎一著,刘彦尊译:《公共教育空间:英日两国教育政策比较研究》,载《外国教育研究》,2005(10),4页。

② 劳凯声:《重构公共教育体制:别国的经验和我国的实践》,载《北京师范大学学报》(社会科学版),2003(4),75~86页。

均等化的重要目标之一就是解决教育的公平问题。但在现实中，不同的地区，不同的学校，不同的学生都具有独特性以及实现这种独特性的权利。教育供给水平应适应这些差异，尊重不同主体基于不同社会条件的多样化选择。教育提供与生产服务应该在承认、尊重差异和多样化的基础上解决教育公平问题，而不应该为了教育公平而简单化地无视差异和多样化选择的存在。公共教育的差异性和多样性赋予公共教育治理以诸多的弹性，使其有利于中央向地方简政放权，有利于解除对学校的限制，有利于提高教育资源的配置效率，有利于治理工具的选择。实际上，承认公共教育的差异性和多样性，更有利于推进差异而平等的义务教育。但是对多样性和差异性的扩大，以及对这些多样性和差异性缺乏及时和适当的整合，这种新形势下的公共教育特别是义务教育，往往通过这些多样性和差异性的绝对化以及个体性的极度扩张而转变成为一种私人化或者私事化，从而使得基础教育维护公共利益的特性和功能受到影响。那么，差异平等观要求政府提供和生产教育服务过程中更注重教育参与机会均等、体现能力本位原则、提升教育制度的可选择性和促进教育评价标准多样化；要求政府政策正视区域之间、校际之间、人群之间竞争与选择能力的不同，并力求满足多层次、多样化的教育需求。

2. 确立差别原则

在尊重差异的竞争与选择的环境里，对于弱势地区、弱势学校和弱势群体来说，仅仅强调平等对待、机会均等并不能从根本上消除其所面对的恶性循环。[①] 为了解决这个问题，约翰・罗尔斯提出了差别原则。罗尔斯认为，“为了平等地对待所有的人，提供真正的同等的机会，社会必须更多地注意那些天赋较低和出生于较不利的社会地位的人们。这个观念就是要按平等的方向补偿由偶然因素造成的倾斜。遵循这一原则，较大的资源可能要花费在智力较差而非较高的人身上，至少在某一阶段……是这样。……教育的价值不应当仅仅根据经济效益和社会福利来评价。教育的一个作用是使一个人欣赏他的社会的文化，介入社会的事务，从而以这种方式提供给每一个人以一种对自我价值的

① 刘复兴：《市场条件下的教育公平：问题与制度安排》，载《北京师范大学学报》，社会科学版，2005(1)，23～29页。

确信。教育的这一作用即使不比其他作用更重要,至少也是同等重要的"。[①] 罗尔斯提出了解决公平问题的差别原则,即在分配教育资源时向弱势地区、弱势学校和弱势人群一方倾斜,这与美国的"特许学校"以及法国的"教育优先发展区"的教育改革理念是一致的。简要地说,就是要用不平等的手段对待强势和弱势,从而真正达到教育公平的目的。

3. 强调受益原则

谁受益谁举办的原则。应该遵循哪个地区是教育的主要受益区,就应该由那个地区来提供的原则,划分教育的提供生产责任。[②] 当然,由于教育的区域外溢性,可能导致教育的受益范围很广泛,甚至教育的受益惠及全国。尤其是区域提供的义务教育更是如此,因而东部地区和中央政府应承担更大的义务教育提供和生产责任。

4. 落实机会均等化原则

机会均等化原则只有与差异的平等观和差别原则相结合,才有利于推进教育供给水平的均等化进程。接受教育是每一个公民的基本人权,应该从制度上保证每一个人的受教育权,教育供给应该尽力保障每一个公民都有同等的机会接受高质量的教育服务。由于各个地区之间、县(市、区)之间、城乡之间的经济水平差异,不同地方政府对教育投资水平存在差距,导致各地区教育供给水平不同,更高一级的地方政府或者中央政府应该采取措施,消除或缩小这种差异。

第二节　区域教育供给水平均等化的制度选择

区域教育供给机制无论是采用政府供给机制还是市场供给机制,都涉及中央与地方政府间的财政分权和职能的划分。具体落实在教育供给领域,教育分权是指"现实背景中的规划者决定教育体系中的哪些要素(如资金、聘任、课程开发)可以分权,以及把权力分配到哪个层级(是地区、学区,还是地方、学

① [美]约翰·罗尔斯著,何怀宏等译:《正义论》,96页,北京,中国社会科学出版社,1988。

② 曹淑江:《教育制度和教育组织的经济学分析》,169页,北京,北京师范大学出版社,2004。

校)”[①],它为学校、社会等参与教育管理提供了契机。而引入市场机制则是为了促进教育资源的有效配置,提高教育供给的规模和质量。政府供给机制与市场机制不是非此即彼的关系,而是相互补充辩证统一的关系。正如第二章和第三章所论述的那样,无论是政府供给机制采取的财政分权举措还是市场供给机制采取的竞争方式,都难以真正实现区域教育供给水平的均等化。从理论上,不同地区教育供给水平均等化的实现意味着教育公平与效率之间的纳什均衡状态。可以选择三种主要的制度安排。

一是平等性的制度安排,即保障每一个公民在受教育机会方面可以无歧视地享有权利的制度安排。

二是差别性的制度安排,即政府通过教育资源的配置区别对待不同利益诉求的利益关系人,正如我国的转移支付制度那样尽可能缩小不同地区之间的儿童在教育起点上的不公平。

三是补偿性的制度安排,给弱势群体以特殊关照,如浙江长兴县的教育券制度、贫困生入学补助政策等。当教育供给制度安排同时包含有平等性、差别性和补偿性特征时,才能在制度层面促进教育公平与效率的同步提升,从而最终实现政府提供和生产教育的公共性与有效性。

一、“有限政府”供给教育的职能定位

“有限政府”是指在确保增强政府治理能力、不断提高政府宏观调控水平的前提下,政府要有所为和有所不为。“有限政府”是一种能够有效实现政府目标的架构,不是根据部门机构的大小来设置,而是根据职能需求来设置。“有限政府”在提供公共产品、公共服务以满足公众利益诉求和市场经济发展客观需要的同时,还受到社会各界监督制约,以避免其滥用职权。[②] 而无限政府是,“政府行政权力的膨胀和宽泛,行政行为所及界域的模糊,由此所带来的必然是行政责任的不明确以及行政目标的虚化,其结果必然是行政资源的流失和行政能力

① 许杰:《教育分权:公共教育体制范式的转变》,载《教育研究》,2004(2),11页。

② 曾国平、郭峰:《论“有限政府”的“有限”内涵》,载《武汉理工大学学报》,社会科学版,2004(4),217页。

的退化。"[①]因此,一个"廉洁有效的政府"必然是"有限政府"。衡量"有限政府"与"无限政府"的关键在于:

(1)政府的职能、规模是否可以满足社会和市场的需求;

(2)政府是否能恰如其分地发挥其应有的作用;

(3)政府的权力和规模逾越其法定疆界时,能否得到及时有效的纠正;

(4)政府官员,尤其是最高领导违法时是否受到法律的制裁。[②] 简要地说,"有限政府"就是指政府职能有限,政府权力有限,政府规模有限。

"有限政府"的理念,体现在教育供给过程中,就是把提供教育服务纳入公共事业管理的范畴,即提供和生产教育要求学校、社会、政府等共同参与,且各自的权责明确。这样,教育的公共管理体制重新调整了政府在教育管理中的定位,要求政府在宏观管理方面发挥作用,扮演自己合理的角色。同时,政府也要创设恰当发挥市场机制作用的宏观环境,吸引社会力量和民间资本的介入,从而促进多元教育投资体制的形成,并建立人才就业服务市场或制度。社会的广泛参与制度主要表现在社会教育资源的投入以及社会各界(学生、家长、社区人士以及中介机构等)参与教育管理等方面。它充分体现了教育管理的公共性,形成了教育的公共管理体制。学校自主办学也是教育公共管理体制中的重要内容。学校要在人事、财经以及业务等方面具有自主权,充分发挥学校教育的专业优势,适应市场经济发展的挑战,就需要突破在过去的教育行政管理体制下"无权"的状况,形成自主办学的制度和机制。

"有限政府"还意味着政府对教育供给进行的干预具有合法性和有限性,其目标定位于让政府干预教育供给更为有力和有效。其深层含义体现在[③]:

第一,政府干预范围的有限性。在教育供给领域内,存在着政府、学校、家长、中介组织、社会团体等不同的供需主体,这些供需主体具有相对独立的地位和权责,也有着不同的行为目标和利益追求,其行为领域不应由政府来干预。

---

① 于敬华:《市场经济与政府规范——略论法治之下的"有限政府"》,载《兰州学刊》,2002(1),18页。

② 陈国权:《论法治与有限政府》,载《浙江大学学报》,人文社会科学版,2002(2),5页。

③ 朱利霞:《国家观念、市场逻辑与公共教育——转型期西方公立学校改革透析及其对中国的启示》(博士论文),102~103页,上海,华东师范大学,2004。

第二，政府干预教育供给程度的有限性。“政府的职责是掌舵而不是划桨。直接提供服务就是划桨，可政府并不擅长于划桨。”[①]这就意味着政府不是直接干预而是宏观调控教育供给，不是微观管理而是宏观管理教育事务。

第三，政府干预方式的有效性。政府干预方式必须是依法行政，政府以法律为主要手段对教育供需两方面进行引导和管理，以法律为准绳规范其行政行为。政府行使教育职能的过程、范围、手段、内容等都必须符合相关的法律规定和操作程序。凡是法律授予的职权，教育行政部门必须行使；凡是法律未授予的职权，教育行政部门不得行使；只有在法律授权的事项上，教育行政部门才能够行使自由裁量权。

政府供给机制与市场供给机制相结合的制度安排就是“有限政府”。在公共教育提供和生产过程中，政府要从一般性公共竞争领域退出，把办学竞争的利益和责任“归还学校，回归社会”；要从过于微观、具体、细致的管理职能中退出，把办学的微观职能“归还校长、回归学校”。政府应从一切可以由学校自主决策的领域逐步退出，从而确保学校作为相对独立事业法人有依法办学的权利。[②] 只有这样，市场机制在教育资源配置中才能发挥更积极的作用。因此，政府的权责体现在：

（1）政府应加强教育提供和生产事务方面的政策、法规的制定和建设，开展宏观发展战略研究，提供信息服务，进行教育督导和质量评估；鼓励教育科学研究和教育创新；加快制定规范、公开、公正和效益导向的教育经费拨款制度，使之成为推进教育发展的有力政策工具。

（2）政府应该逐步退出教育提供和生产活动的微观领域；在积极鼓励民间投资教育的同时，还应该积极鼓励非政府机构管理经营公立学校，实行“教育民营”或“学校民营”。

（3）政府的职能是维护和创设良好的制度环境，而不是事必躬亲地从事每

---

① [美]戴维·奥斯本、特德·盖布勒著，上海市政协编译组、东方编译所译:《改革政府:企业精神如何改革着公营部门》,1 页,上海,上海译文出版社,1996。

② 中国教育与人力资源问题报告课题组:《从人口大国迈向人力资源强国》,448 页,北京,高等教育出版社,2003。

项具体的提供和生产活动。[1]

从另一个角度来看,市场经济条件下政府教育管理职能范围主要集中于两个方面:解决教育领域中的市场失灵和促进教育公平。具体来说,政府教育管理职能主要表现在:拨款举办各级各类教育并促进教育机会的公平分配;建立并实施国家教育标准,鼓励各种社会力量举办教育;建立保证学校教育机构的自主办学地位的管理机制;培养师资并建立教师专业化管理的机制等。[2]

二、政府间财政转移支付制度的选择

"有限政府"供给教育的职能定位揭示出,中央与地方政府的权责划分,意味着各自承担的公共服务责任不同。区域教育供给水平的均等化作为中央与地方政府共同的目标。均等化的实现不仅有利于促进区域内部的教育公平程度,而且有利于缩小区域之间的教育差距。由于改革开放以来我国地区间经济发展差距的加大,以及 1994 年的分税制改革的影响,不同地区之间的教育供给能力需要通过转移支付来实现政府间财政的纵向平衡与横向平衡。那么,政府间财政转移支付制度就成了实现区域教育供给水平均等化的必然选择。

1. 财政转移支付的类型

根据教育供给水平差异的实证分析,地区间经济发展水平成为教育供给水平均等化的重要制约因素,尤其是对教育供给质量的影响更大。研究表明,政府间的财政转移支付制度有利于解决这一类问题。政府间财政转移支付包括上下级政府间和同级政府间的无偿资金转移,其目的在于解决财政纵横两方面的不平衡问题。纵向不平衡指一级政府面临财政赤字,而其他次级政府却出现盈余的财政状况。横向不平衡指一部分地方政府出现财政结余,而另一些地方政府却面临着财政拮据的状况。[3] 很明显,只有解决纵横两方向的财政不平衡,

---

① 中国教育与人力资源问题报告课题组:《从人口大国迈向人力资源强国》,436 页,北京,高等教育出版社,2003。

② 劳凯声:《重构公共教育体制:别国的经验和我国的实践》,载《北京师范大学学报》(社会科学版),2003(4),81 页。

③ 杜育红:《教育发展不平衡研究》,155 页,北京,北京师范大学出版社,2000。

才能解决地区间教育供给水平产生差异的重要瓶颈问题。

财政转移支付制度一般包括一般性转移支付和专项转移支付。[①]

(1)一般性转移支付,又称无条件转移支付,指上级政府对下级政府的转移支付不规定使用方向,不附加任何条件,资金按公式分配,公式中包含了地方政府不可控制的因素,如人口密度、地理条件以及人均财政收入等。一般性转移支付包括税收返还和过渡时期转移支付,前者保持了各地区既有的利益格局,后者则是为了平衡不同地区教育供给水平的差距。一般性转移支付的目的是确保地方政府有财政能力提供同全国大致相当的义务教育服务。

(2)专项转移支付,一般用于特定项目的补助,资金使用有明确规定,下级政府无权变动。通常这类转移支付还要附加一些条件,具有很强的政策性。根据补助款项是否要求下级政府用本级资金配套,专项转移支付又分为:配套补助,是指上级政府为支持地方义务教育某一特定活动而提供每一元钱,地方政府必须按一定的比例进行配套;非配套补助,又称一次性的专项补助,这类补助一般按公式一次性地拨付给地方。按补助的规模是否有限额还可分为封顶配套补助和无封顶配套补助。

第一,无条件转移支付的效应。

无条件转移支付是中央和省级政府对地方政府的整块补助。它对地方政府义务教育支出决策的影响如图5.3所示:地方政府初始预算线为AB,所能实现社会福利最大化的点为无差异曲线Ⅰ与AB的相切点E_0,地方政府用自有的财政收入提供义务教育服务的量OX_0。中央政府和省级政府为地方政府提供无条件财政转移支付为AC,由于地方政府无条件地得到一笔可以自由支配的资源,购买力得到提高,地方政府的初始预算约束线移动到CD,新的均衡点为更高的无差异曲线Ⅱ与新的预算约束线CD的相切点E_1。从图中可以看出,无条件转移支付通过收入效应使地方政府提供的义务教育服务数量有所增加,但增加的数量是有限的,不规定拨款的使用方式,不干预地方政府的决策。因为这种转移支付是无指向的,它可以用于政府提供的任何一种公共品,而义务教

① 李祥云:《论义务教育财政转移支付类型与不同政策目标组合》,载《教育与经济》,2002(4),32~36页。

育只是地方政府提供的众多公共品中的一种,所以,它可能使部分拨款转移到私人产品的消费上,具有"漏出"效应。

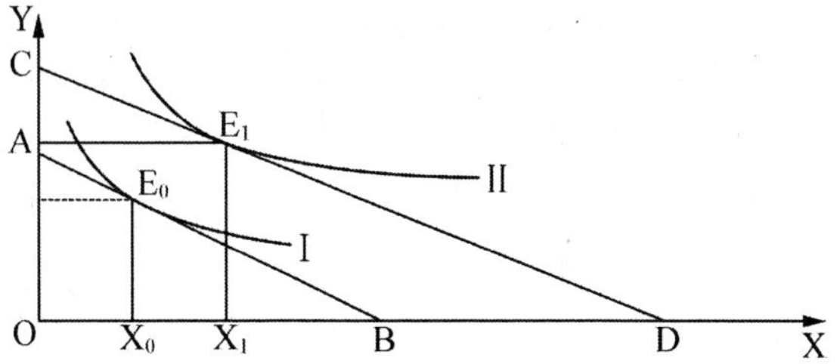

图 5.3　无条件转移支付的效应

第二,有条件非配套转移支付的效应。

中央和省级政府为地方政府一次性地提供一笔固定的资金用于义务教育,并要求地方政府用于义务教育的自有财政收入不得减少。它对地方政府义务教育财政支出决策的影响如图 5.4 所示:地方政府面临的初始条件不变,非配套性的义务教育专项补助为地方政府提供了更多的资源,导致预算约束线外移。由于规定补助只能用于义务教育,新的预算约束线 AZD 为折线。且有条件的限制使地方政府选择角点 Z,在 Z 点地方政府将所有的补助 AZ 全部用于义务教育。与等额的无条件转移支付相比,地方居民的福利水平有所下降。从图 5.4 中可以看出,在一般性转移支付形式下,实现社会福利最大化的点 E_1 处在比无差异曲线Ⅱ更高的无差异曲线Ⅲ上。图中还显示出:有条件非配套拨款有可能改变地方政府的决策,地方政府提供教育服务的资金由中央政府补助,把原来准备用于受补助项目的支出,用于提供其他的公共产品或私人产品。只有当地方政府用于义务教育的财政支出小于补助金额,即小于 X_2 时,且补助金额大于正常情况下地方用于义务教育支出的增长,对补助支出的限制才起作用,有条件非配套拨款才能够显著地体现中央政府的意图,转移支付的效益就比较明显。

第三,有条件不封顶的配套转移支付的效应。

不封顶的配套性义务教育专项补助对地方政府义务教育财政支出决策的影响如图 5.5 所示:地方政府面临的初始预算约束线为 AB,效用最大化的组合点为 E_0。中央政府为地方政府的义务教育提供一项不封顶的配套补助,由于配

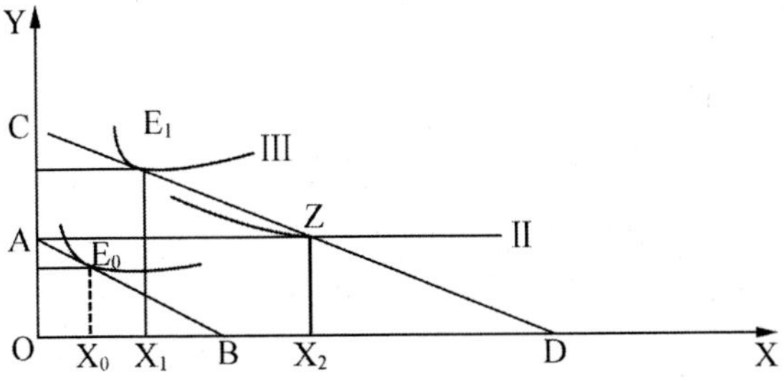

图 5.4　有条件非配套转移支付的效应

套,它降低了地方政府供应的义务教育服务的边际成本(相当于一种从价补贴),这样预算约束线移动到 AC,在新预算约束线上实现效用最大化组合点变为 E_2。在该点地方政府提供义务教育服务数量大幅增加,地方选民消费其他商品 Y 的数量减少。便于比较,做出同等规模的非配套义务教育专项补助和总量一般性转移支付的预算约束线为 AZF、DF,效用最大化的组合点分别为 Z 和 E_1。从图中可以明显看出:不封顶的义务教育专项配套补助能够增加地方政府在义务教育上的支出,其增加的数量要比同等规模的总量无条件转移支付和非配套性的义务教育专项补助大得多。

这是因为不封顶配套专项补助会使地方政府受到两个方面的影响,一方面它降低了义务教育服务的价格,使得义务教育服务相对于其他产品变得更便宜,产生替代效应;另一方面它也相应地增加了地方政府的财政收入,地方政府的购买力得到提高,从而产生收入效应。对于同等规模的无条件转移支付和非配套性的专项补助来说,同等规模意味着它们只有相同的收入效应而无替代效应,自然它们在鼓励地方政府增加义务教育财政支出上的作用要小一些。不过这些非配套性财政专项补助和无条件转移支付,由于对消费的选择没有被价格变化所扭曲,因此它们更能提高地方选民的福利水平(效用水平)。

第四,有条件封顶的配套转移支付的效应。

与不封顶的专项配套补助相比,封顶的专项配套补助对地方义务教育财政支出影响的区别在于预算约束线的变化不同。如图 5.6 所示,假定地方政府面临初始预算约束线为折线 ACD,配套补助使义务教育服务的价格降到 C 点,在 C 点之后,义务教育服务的价格又回到没有补助时的价格。这样,预算约束线

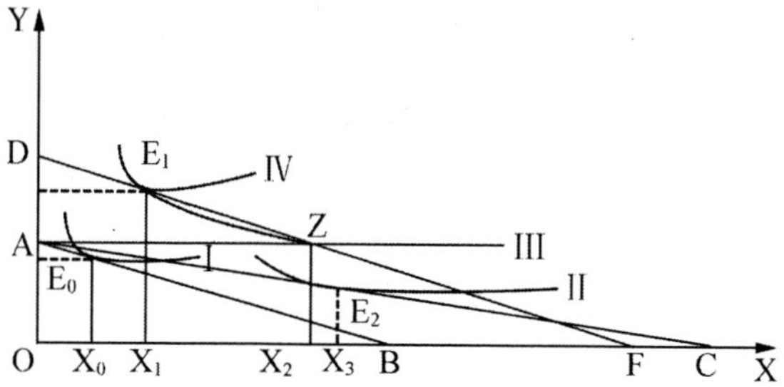

图 5.5　有条件不封顶的配套转移支付的效应

平行于原先的预算约束线并且外移。如果效用最大化组合点在 C 点的左边，封顶的补助就是配套补助；如果效用最大化组合点在 C 点的右边，补助就成了一次性的补助；如果效用最大化的组合点正好位于 C 点，在该点上地方政府利用了封顶专项补助的全部潜力。由此可以看出，在不了解地方政府具体支出的情况下，是无法确切知道封顶的配套补助对地方义务教育财政支出决策的影响究竟发挥的是配套的作用还是一次性专项补助的作用。就一般情况而言，由于地方政府感受到了价格效应，封顶的配套补助在增加地方政府义务教育财政支出方面的作用要比纯粹配套专项补助更有效。

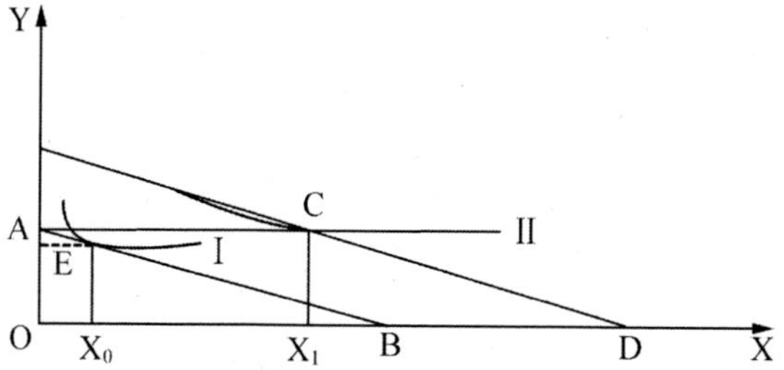

图 5.6　有条件封顶的配套转移支付的效应

2. 教育供给水平均等化的转移支付制度的选择

通过图 5.3 至图 5.6 的分析，政府间义务教育财政转移支付的结论为：

第一，在增加地方政府的义务教育财政支出作用上，配套义务教育专项补助要远远大于非配套性义务教育专项补助，其中不封顶的配套义务教育专项补助作用最大；而非配套性的义务教育专项补助与总量的无条件转移支付相比，前者又更有效。

第二,由于总量的无条件转移支付和非配套性义务教育专项补助不改变地方消费品的相对价格,它们在改善地方居民的福利水平方面要比配套义务教育专项补助的作用大,其中总量的无条件转移支付是最好的机制。

第三,一般而言,非配套的义务教育专项补助和封顶的义务教育专项补助应谨慎使用。除非补助的数额比地方政府本身的义务教育支出大得多,否则将达不到上级补助政策的预期目标。尤其是非配套性的义务教育专项补助,它不仅在激励地方政府增加义务教育财政支出和提高效用水平方面是次优的,而且也无法保证上级政府为义务教育提供的财政补助不用于其他公共品或对地方政府产生替代作用。

当然,非配套性的专项补助用于个人或者是一些应急措施还是起作用的。由于政府间实施义务教育转移支付的原因是多方面的,相应的目标也是多重的,政府需要根据义务教育转移支付政策的目标选择适合的转移支付类型。表5.1 提供了不同财政转移支付类型与政策目标的最优组合。

表 5.1　各种转移支付类型与政策目标组合

政策目标 转移支付类型		外部效应目标	教育公平目标	效率目标
专项转移支付	一般性转移支付		√	
	封顶配套补助			√
	无封顶配套补助	√		√
	非配套补助		√	

(1)我国中央政府选择的转移支付制度

我国现行的义务教育财政转移支付制度包括无条件(一般性)转移支付和专项转移支付,一般性转移支付包括税收返还与过渡时期转移支付两部分。1986 年《义务教育法》颁布后,中央政府开始对经济困难地区和少数民族聚居地区实施义务教育专项转移支付,并且随着我国义务教育管理体制的变革,中央对省级政府的义务教育专项转移支付力度越来越大。2004 年,中央财政安排用于农村义务教育的各类专项资金达到 100 亿元。2008 年,中央财政安排教育支出预算 1 561.76 亿元,大大高于本级收入预算 14% 和支出预算 15.4% 的增长幅度。近几年,中西部地区一半以上的义务教育经费来自中央财政。2008 年,中央财政安排义务教育专项资金预算 696.5 亿元,比上年增长 69.6%,连续实现大幅度增长。

表 5.2　中央政府义务教育专项资金和工程一览①

单位:元

名称	时间	金额	内容	受益对象
国家贫困地区义务教育工程	1995—2000	124.63 亿	改善办学条件,包括解决农村小学、初中的问题,初中的危房问题,新建校舍,按照国家规定的标准,配备教学仪器和图书资料及课桌凳,培训教师和校长等	568 个国家级贫困县和 284 个省级贫困县;受益人口约 2.5 亿
	2001—2005	72.5 亿	增加了免费、为家庭经济困难的学生发放教科书以及在贫困地区实施信息技术教育等新内容	未通过省级验收的经济薄弱县 522 个
国家贫困地区义务教育助学金	1997—2000	1.3 亿	资助少数民族学生接受义务教育	少数民族贫困学生
	2001—2005	1 亿/年	资助家庭贫困学生接受义务教育	西部地区贫困学生
免费教科书专项经费	2001—2003	7 亿	资助家庭贫困学生接受义务教育	家庭贫困学生
农村中小学教师工资专项资金	2001 年起	50 亿/年	中西部贫困地区农村教师工资补助	中西部贫困地区农村中小学教师

① 中央政府义务教育专项资金和工程一览,http://www.moe.edu.cn/edoas/website18/88/info1227079-502268888.htm

续表

名称	时间	金额	内容	受益对象
中小学危房改造工程	2001—2003	30 亿	基本消除现存中小学危房	
	2003—2005	60 亿		
农村中小学现代远程教育工程	2004—2007	90 亿	西部农村地区中小学	8.64 万个教学点、25.2 万所农村完全小学
农村寄宿制学校建设工程	2004—2007	100 亿	西部农村地区中小学	兴建、改建 6 400 所寄宿制学校，缓解 320 万贫困家庭学生上学困难

在实施一般性转移支付过程中，我国中央政府应该提高过渡期转移支付比例，降低税收返还比例。一般性转移支付是均衡地方财力，实现义务教育公平目标的最佳形式。因此，要有效利用一般性转移支付的优势就必须调整目前的结构比例。如上分析，税收返还占一般性转移支付的主要部分，因其以地方上缴税收水平为基础，故不能缩小地区间贫富差距，为此应该降低该比例。而过渡期转移支付把义务教育经费需求纳入了转移支付总额，有助于缩小不同地区之间的教育供给水平差异，能在一定程度上提升教育服务的均等化程度。

与调整一般性转移支付结构比例相配套，中央政府还应进一步加大专项转移支付力度。义务教育的专项转移支付规定下级政府必须把该资金用于义务教育，有利于防止义务教育经费被挪用，也便于监督管理。因此，在我国义务教育管理体制尚不完善的情况下，应尽量加大专项转移支付的力度。同时，扩大专项转移支付规模，增加人员经费等固定支出，把目前一次性投入逐步变为稳定的经常性经费。对配套性补助要重新设计配套比例，使之与各级政府的财力相匹配。

(2)我国地方政府选择的转移支付制度

省级单位是我国地方行政权力的中心,对省内各种公共服务资源的调配起着决定性的作用。在一定程度上,地方较高级别的政府选择何种转移支付制度,将直接影响不同县区的教育供给水平差异情况。目前,我国县级政权作为我国的地方基层政权,承担着全国70%左右的人口所需的公共服务。公共服务提供主要是依靠财政的支持来实现的,因而县级财政收支水平直接关系到义务教育供给水平。在税费制改革之后财政权力上移,县级财政预算内收入受到冲击,而扩大支出的压力却在不断加大,许多薄弱地区的县级财政无法承担义务教育投资与财政收支、经济同步增长的重任。正如前文所分析,经济发达的东部地区,其内部县(市、区)之间的教育供给水平差距越大。因为,在财政收入结构上移之后,相应的财政支出结构并没有相应上移,从而使得相对薄弱地区的县级义务教育财政支出的缺口较大。由于政治、经济等方面的历史和现实原因,相邻县(市、区)之间总会形成相应的各种发展中心,省级政府也更注重其核心地位和影响。这一类型的县(市、区)往往获得更多的上级政府支持,竞争所获取的公共资源远多于相邻县(市、区),成为各种公共服务发展水平的亮点和窗口形象。随着此类县(市、区)公共服务质量的提高,教育供给质量的影响力越来越强,不断吸收周边教育人才和资源。这意味着欠发达县(市、区)的劳动力资源外流,县级财政义务教育支出对其县域经济的发展没有做出相应的贡献,导致教育成本收益不对等的“剪刀差”。由此,经济发达县(市、区)应该承担一定比例的经济落后县(市、区)的义务教育成本,这就需要地方更高一级政府实施相应的财政转移支付制度,打破“以县为主”的投入模式。

第一,地方最高级别政府推行无条件义务教育转移支付制度,整体提升本区域内各县(市、区)的教育供给能力。无条件义务教育转移支付制度可以缩小省域内各县(市、区)之间的硬件投入水平以及师资待遇差距。

第二,有条件非配套转移支付制度最适合于该区域内的最落后县(市、区),远比有条件配套的义务教育专项补助的作用大,最有利于改善该县(市、区)提供的义务教育水平。这种转移支付制度的使用必须建立在“三个增长,两个提高”的基础上,否则会导致地方政府减少义务教育财政支出和降低效用水平。

第三，有条件不封顶的配套转移支付制度适合于省域内中等发展水平的县（市、区），其增加的数量要比同等规模的总量无条件转移支付和非配套性的转移支付大得多。这是因为有条件不封顶的配套专项补助增加了地方政府的财政收入，地方政府供给教育的能力得到提高。

第三节　区域教育供给的方式与效应

结合区域教育供给水平的均等化目标与制度选择的分析论证，在此，我们还需要进一步了解和熟悉区域教育供给的方式与效应。任何一种教育供给方式的选取，都是以综合考虑其他供给方式的优缺点为基础，批判性地继承某些供给方式的优点，以解决教育提供和生产过程中的“例外”问题为条件的。譬如，政府供给机制将完全理性精神和公共利益意识贯穿提供和生产教育产品的全程，希望通过政府整体布局、计划、程序监控而实现政府供给教育的可预期性和可操作性。但是，它从政府意志单方面预设的公共性难以照顾到不同地区居民对义务教育需求的多样性。市场供给制秉持效率与竞争观念，认为中央（或地方）政府不可能具有提供和生产教育产品所必备的全部理性，而只能是有限理性，因而在提供和生产过程中通过引入市场机制打破政府单向度控制和供给，以期提高教育质量和效率。但是由于市场失灵导致的无序竞争以及市场的逐利行为，直接损害了教育的公正性与公益性，而且加剧了不同地区之间教育发展水平的差距。很显然，这两种教育供给机制具有各自的优点，但缺陷也是很明显的。教育供给水平均等化的目标和转移支付制度是从相对宏观的政策选择出发，而能否实现还必须依靠可操作的具体的教育供给方式。

一、建立政府与其他供给主体之间的伙伴关系

将市场的公平竞争机制和自由选择机制引入教育领域，改变政府垄断教育的局面，实现包括私人和民间团体在内的教育服务供给的多样化，已经成为许多国家当前教育公共服务的基本思路。北欧福利国家开始从“社会福利国家”向“社会投资国家”（Social Investment State）的转变，重新定位了国家的作用，要

在风险与安全、个人责任和集体责任之间建立新的关系。

政府与其他供给主体之间建立伙伴关系，既是强调政府和公民合作提供和生产教育服务的良好形式，也是体现教育供给以市场机制为基础的重要内容。教育供需的均衡涉及不同利益团体的需求以及不同利益者的利益再分配。衡量教育供给方式的绩效标准，不仅需要考虑政府利益目标的实现，还需要考虑不同地区居民个体权利的实现。因此，我们要提高教育管理水平和绩效，重构教育供给机制，只能通过分权将对教育的控制权从中央抽离出来移至县区，解除中央政府对地方教育事业的管制，使县区政府和学校对家长以及当地居民做出及时回应，并实施类似西方教育改革较成功的教育凭证、特许学校和控股公司私校等在内的多元取向的择校制度改革。“当前教育供需调整反映在政策制定中，意味着发展不同类型的学校，以对特定的群体和利益集团的需要做出灵活的反应。”①在调整改革过程中，由于政府与其他教育供给主体之间的互动，不仅可以使教育供需调整意图得到理解，还可以在调整框架中整合不同的利益诉求，同时可能获得更多共享的资源。

在当前公共教育治理中，构建教育供给主体间的伙伴关系可以从这几方面入手：

第一，应充分发挥政府的主导作用，合理处理政府机制与市场机制的关系。建立以政府主导、市场介入、社会参与为主要特征的教育供给新模式。这种模式不仅能保证教育系统和学校系统内部的教师、家长、学生、社区人员等所有的教育利益相关者能够有机会参与教育的公共治理，而且还提供非公共组织、团体和个人参与教育生产和服务的机会。

第二，建立健全我国相应的教育法律和规章。用制度来保障不同教育供给主体的利益表达和对话渠道，给不同的教育供给主体以发言权，特别需要保障弱势群体的发言权。

第三，协调和整合不同的利益呼声，使教育系统与学校内、外部利益主体的利益有机结合，从而实现利益共享。如何实现伙伴关系的建立，我们可以采用

① 杰夫·惠迪、萨利·鲍尔、大卫·哈尔平著，马忠虎译：《教育中的放权与择校：学校、政府和市场》，3~4页、50页、168页，北京，教育科学出版社，2003。

配合(cooperating)、协调(coordinating)、合作(collaborating)等策略来逐步推进。下表九种伙伴关系,其中信息共享是最便宜的伙伴关系,项目责任共享则是最昂贵的伙伴关系。

表 5.3　政府与其他教育供给主体间伙伴关系的界定

配合 利用资源帮助其他机构	协调 组织并整合资源以便更有效地实现多边目标	合作 综合利用资源以解决那些没有明确由谁负责的问题
贡献资源	协调行动	项目责任共享
某机构为另一机构的项目或活动贡献资源;这种贡献是明确的,而且通常以物质的形式出现 主要目标:帮助一项值得帮助的事业	机构调整或整合现有的项目以便更有效地提供服务:通常是在合伙人之间建立一种不间断的关系 主要目标:推进项目进展	机构联合成为一个新的实体,管理资源或提供服务 主要目标:满足一种必须通过合作共事才可以实现的需求
互相促进	资源共享	建立新机制或项目
机构间愿意共享工作或提供服务方面的信息 主要目标:满足共同委托人的需求	机构间一致提供同样的货物或服务,并同意为此共同承担相应的成本;通常以合同的形式予以界定 主要目标:节约成本	机构努力建立并利用一个新模式来提供服务或解决一个公共问题 主要目标:应公共问题的需要而开发一种新模式
信息共享	打造联合计划	集体规划
以成文或不成文的方式实施信息共享 主要目标:通过持续地掌握信息而提高组织绩效	机构间互相依靠以成就某一特殊产品或事业;一般需要建立短期的委员会 主要目标:实现一种依靠某一个机构所无法单独完成的目标	机构间为管理某一资源或缓解某一社会问题而建立一个集体性的愿景(和/或课题) 主要目标:促进集体愿景的形成和合作行为的开展

资料来源：Hubbard E.，"Making Sense of Public Service Partnerships：Understanding the Why and How of Interagency Efforts，" Unpublished paper，1995. 转引自［美］保罗·C. 莱特著，张秀琴译：《持续创新：打造自发创新的政府和非营利组织》，69～70 页，北京，中国人民大学出版社，2004

二、明确区域教育供给方式及其绩效标准

在教育资源供给的短缺中，由于发展水平的差距，在不同地区和学校之间，存在着生存性短缺和发展性短缺这两种不同类型的短缺，这可以归纳为结构性短缺。这种结构性短缺是反映在基础教育与高等教育之间、农村教育与城市教育之间、重点学校与薄弱学校之间、发达地区与欠发达地区之间的明显差距。这种差距的存在，一方面是由于自然和历史的原因而造成的经济发展水平和教育基础的悬殊，例如地区之间的生均教育经费的差距，省与省差几倍，县与县差几十倍，乡与乡差上百倍，实际上是跨越几个历史阶段的差距。这方面教育资源的相对短缺，有赖于经济社会的协调发展，需要较长时间的努力。另一方面是由于政府的非均衡发展政策，教育投资向一部分学校倾斜，加剧了教育资源配置的不平等和结构性短缺，仅以生均成本为例，发达地区与欠发达地区就存在较大差距。

从教育供给角度分析，教育供给方式的可选择性主要是通过供给方式的绩效特征来证明的。根据教育供给方式的绩效标准，我们可以判断和选择相应的教育供给方式。教育供给方式与绩效标准之间的关联，反映在四个方面[①]：

（1）供给方式的强制程度与绩效的关联；

（2）供给方式的直接性与绩效的关联；

（3）供给方式的自主性与绩效的关联；

（4）供给方式的可预见程度与绩效的关联。

---

① Lester M. Salamon，"New Governance and The Tools of Public Action，" *The Tools of Government：A Guide to the New Governance*，ed. Lester M. Salamon，New York，Oxford University Press，2002.

表 5.4　教育供给方式与其绩效标准

对绩效的影响					
强制程度	效能	效率	公平	管理的难易程度	合法性/政治支持
低	低	中等	低	中等	高
中	一般	高	一般	一般	一般
高	高	高/低	低	低	高/低
直接程度	效能	效率	公平	管理的难易程度	合法性/政治支持
低	低	高	低	低	高
中	低/中等	中等	低	低	高
高	高	中等	高	低	低
自主程度	效能	效率	公平	管理的难易程度	合法性/政治支持
低	高	低	高	一般/低	高
中	一般	高	一般	低	一般
高	低	高	一般/低	高/一般	一般
可见性程度	效能	效率	公平	管理的难易程度	合法性/政治支持
低	——	低	低	低	高
中	——	一般	一般	一般	一般
高	——	高	高	低	低

依据教育供给方式的强制性程度与教育供给方式的绩效之间的关系，依据表5.4可以得出如下结论：

（1）选择强制性教育供给方式时，意味着政府的权威更加明显，使其他有可能参与教育生产和提供的主体可选择的规避措施更少了。虽然强制性教育供给方式的效能高，但是其效率通常较低，强制性高的管制也随之而来，这也正是对政府单一提供和生产教育产品的责难关键点。

（2）强制性高往往与直接性密切相关，一种教育供给方式兼具两种特征时，其效能与公平也高，管理也比较容易。因此，政府提供和生产教育往往采纳这种教育供给方式，如"两免一补"政策。

（3）教育供给方式的强制性程度低，直接程度也低，往往是高度分权的一种结果。与此同时,供给方式的绩效呈现效率较高而公平感较低。因而,市场引入提供和生产产品过程中往往选择这类型手段,诸如“教育券”“名校教育集团”等。

三、恰当选择实用、适用的教育供给方式

教育供给方式选择受到很多因素的影响,尤其是受到政府实现教育供给水平均等化目标的影响。教育供给方式的选择、应用和组合是研究教育供给方式的基本主题和最终归宿。[①] 在这里,针对教育供给机制的运用而言,我们关注的焦点也正在于此,即如何选择实用、适用的教育供给方式。如何选择呢? 参照标准主要有两点:

1. 教育供给方式的实用性标准

(1)有效性。有效性是判断选择的教育供给方式是否成功的最为重要的标准。有效性表明一种教育供给方式指导下的行动达到了目的。如果该行动没有达到预期的目的,则这项行动没有任何意义。按照这个标准,最好的教育供给方式就是能够解决教育供需问题的手段。但是,判断教育供给方式是否有效有时是一件很难的事情。一方面,由于很多教育改革项目的目的性不明确,因而我们很难通过具体的指标来评价某项教育供给方式所采取的行动是否有效。另一方面,由于不同的教育供给方式适应不同的环境,有着不同的制度基础,所以我们不能简单地断定某一供给方式有效或无效。

(2)效率。我们既要关注选择某一项教育供给方式所采取的行动是否达到预期目的,又要关注实施这项行动的成本。成本可以反映效率。教育供给方式的成本不仅包括政府的直接成本,即政府运用供给方式完成提供和生产教育服务行动的成本,还包括其行动对象为接受公共服务或管制所需要付出的代价。按照这一标准,最有效率的教育供给方式是成本最少的方式。

(3)公平。公平包含三层含义。首先是个人的贡献和收益相等。这种公平理念认为谁从服务中获益,谁就应该承担相应的成本。其次是罗尔斯所说的公

① 陈振明:《政府工具研究与政府管理方式改进——论作为公共管理学新分支的政府工具研究的兴起、主题和意义》,载《中国行政管理》,2004(6),43~48页。

平,即要将社会资源平均分配给社会上所有个人,使境况最糟的人境况变好,这样在全社会范围内看起来是比较公平的。最后,公平是指政府资源和服务在社会不同阶层和群体之间的公正分配,即政府行为的公正对待。任何一个公共问题,都会涉及或多或少的利害关系人。政府在进行教育供给方式和政策选择的时候,必须公平地对待多方利害关系人。如果按照这一标准,则最好的教育供给方式是那些能够满足公平要求的方式。

(4)可执行性。政策的可执行性在政策的选择过程中占有重要的位置。教育供给方式越复杂,所涉及的参与者越多,执行的难度就越大。有些教育供给方式在理论上显示能带来很好的效果,但在实践中往往因执行难度大而失效。有鉴于此,有学者甚至把可执行性作为评判教育供给方式的第一标准。如果按照这一标准,那些最简单和最直接的方式就是最好的教育供给方式。

(5)合法性和政治可行性。合法性和政治可行性在很大程度上会影响教育供给方式的选择。即使一项教育供给方式效果好、效率高,但是如果没有法律和政治的支持,那么这项教育供给方式也不可能被采用。如果按照这一标准,则最好的教育供给方式就是具有政治合法性的教育供给方式。

2. 教育供给方式的适用性标准

(1)强制性。强制性衡量的是政策工具对个人和群体的行为采取鼓励或惩罚手段而进行限制的程度,主要用于判断教育供给方式限制个人和集团行为的强弱程度。

第一,教育供给方式强制性越弱,有效性可能越差,容易形成“上有政策,下有对策”的局面,同时公平也将得不到保证。

第二,强制程度适中的教育供给方式,其特点是给予个体或团体补贴或津贴,个体可以自由支配。这些教育供给方式效率很高,但其有效性、公平性和政治合法性一般。

第三,强制程度最强的教育供给方式主要指经济管制和社会管制。教育供给方式的强制性越强,越容易达到目的,因而有效性越强;也越容易实现再分配,因而公平性就越强。但是由于这些教育供给方式的社会成本较大,效率较低,并且政府要同时面临无数个体,因而使其不易执行。

(2)直接性。与直接性相对的是间接性。间接性较高的教育供给方式包括补助金、贷款保证和凭单制等。间接的教育供给方式可以让公民有更多的选择权,在公共服务提供者之间创造更多的竞争。教育供给方式间接性越高,效率越高,政府越容易控制,因而政治支持性也越高。但这种供给方式在公平性和有效性方面较差,又因涉及主体较多,不容易执行,故很多政治家愿意采取直接行政。直接程度高的教育供给方式是直接贷款、政府服务等。

(3)自治程度。分析教育供给方式的另一重要维度是自治程度,即这种教育供给方式是利用已有的政府机构提供公共服务,还是创建自己的机构提供公共服务。例如利用市场提供公共服务就是高度自治的供给方式。自治程度较高的治理工具是那些利用非政府组织提供公共服务的工具,如民办学校、教育集团公司等。教育供给方式自治程度越高,效率越高,但其公平性和有效性都较差。

(4)量化程度。第四个衡量教育供给方式的尺度是其量化性,即教育供给方式所需的资源能否在政府预算中得到反映。量化程度高的教育供给方式有英国的"公助学额计划""教育选择公司"、政府补助等。这些都是成本和收益比较清晰的方式,容易在预算中反映出来,因而效率较高,公平性能够得到保证。

结 束 语

我国区域教育供给机制与方式的研究涉及的学科领域和知识背景比较广泛，很难从单纯的理论背景来解释和解决教育供给机制与方式的选择问题。而且这种选择将触及不同理论的相悖观点，使得选择处于两难境地。正是为了规避这种结果，本研究才借助教育供给水平这一概念，力图从现实的区域教育供给的规模和质量来考量其背后隐藏的规律。

经过区域教育供给水平和区域经济发展程度的调研统计分析，本研究获得以下一系列结论：

1. 区域教育供给水平的高低与区域经济发展程度密切相关，经济发展程度较高的区域教育供给质量也较高。

2. 区域之间的教育供给水平差异越来越大，我国现行的义务教育经费保障机制并没有解决或者说没有有效改进这一格局。中央政府近年来大量的经费投入和转移支付资助没有缩小区域之间教育供给水平的绝对差距，仅相对差距有所改善。与此同时，正是转移支付制度的实施，西部地区的教育优惠政策的推进，三类地区的教育供给水平形成了一种新的不规则“V”形结构，中部地区处于最低端，义务教育负债还比较严重。

3. 同一地区各县(市、区)之间的差距远大于不同地区之间的差距，这种差距很容易形成地区性的“教育富集”现象，造成相邻县(市、区)的外溢效果，不利于地区性整体提升教育供给水平。“教育的邻近效应”在我国不同地区的经济水平较高的县(市、区)表现得尤为突出。

4. 区域教育供给水平差异产生的原因，除了既定的历史因素之外，更多地取决于基于经济基础建构的教育财政分权和市场竞争机制。在制度还不很完善的条件下，地方政府的教育财权与教育事权难以统一，地方政府很难实现责权的协调。虽然义务教育供给体制改革具有诱致性制度变迁的渐变性和自下而上的行动趋向，但是我国义务教育投资体制更多地体现为中央政府的行动和赋权，可以说是一种授予的形式，地方的教育权利可能随时被收回。这种"形式分权"极易激发地方政府的寻租和搭便车行为，加速一种难以控制的地方政府竞争公共教育资源的行为，使得竞争力强的地方政府有机会获得更多的经费和项目支持。

5. 将区域教育供给置放于公共服务环境中来理解，均等化就成为衡量教育供给水平发展的首要目标。那么，政府职能的重新定位，中央与地方政府之间的分权建构，以及政府、社会、市场多主体供给义务教育的格局将成为一种可能。在一种多中心的教育供给机制下，教育供给方式及其效应也必然成为县（市、区）提供和生产教育产品的实践行动指南。

以上种种结论，与其说是研究的一个阶段性总结，不如说是研究者的一些观点。因为，随着时间的推移和新理论的诞生，区域教育供给水平差异将会得到更好的控制甚至基本消除。至于供给机制和方式，由于研究者所获取的研究资源有限，以及公共管理理论及宏观经济学的知识不足，就很难将作为公共服务内容之一的义务教育提供和生产状态放在全国范围内进行科学探究和论证。

参考文献

[1]ANDREW RESCHOVSKY. Fiscal Equalization and School Finance[J]. National Tax Journal, 1994(47).

[2]BUCHANAN J. An Economic Theory of Clubs[J]. Economica,1965(32).

[3]BRESSERS,J Th A. Implementation of Instruments for Sustainable Development, Ronda, Spain, The Second Meeting of the SUSGOV Team,2001[C].

[4]BYUN,YOUNG H. Policy Instrument and Implementation: An Explanation of Latin American Economic Reform, 1980 – 1995,2001 Annual Meeting of American Political Science Association, Hilton San Francisco and Tower, September. 2, 2001[C].

[5]COLEMAN J S, HOFFER T. Public and Private Schools: The Impact of Communities[M]. New York: Basic Books,1987.

[6]CYNTHIA MILLER. Demographics and spending for public education: a test of interest group influence [J]. Economics of Education Review,1996,15(2).

[7]DAVID M BRASINGTON. The demand for local public goods: the case of Public school quality[J]. Public Finance Review,2002,30(3).

[8]HEINZ DIETER MEYER, WILLIAM L BOYD. Education between State, Markets, and Civil Society[M]. Lawrence erlbaum associates, publishers Mahwah, New Jersey, London, 2000.

[9]HOOD C. The Tools of Government[M]. London: Macmillan,1983.

[10]LINDER S H,PETERS B G. Instruments of Government: Perception and Context[J]. Journal of Public Policy, 1989,9(1):35 –58.

[11]VICTORIA J DODD. American Public Education and Change: Not an Oxymoron [J]. Saint Louis University Public Law Review, 17:109 -123.

[12]OTAVIO R DE MEDEIROS, CARLOS LEONARDO KLEIN BAREELOS. Explaining Public Expenditures in Education:An Empirical Analysis in Brazilian Municipalities[EB/OL]. http://ssrn. com/ abstract =958852.

[13]MANEUR OLSON. The Logic of Collective Action:Public goods and the Theory of Groups [M]. Cambridge, Mass: Harvard University Press,1965:5 -55.

[14] RIEHARD CORNES, TODD SANDLER. The Theory of Externalities, Public Goods, and Club Goods [M]. Cambridge University Press,1996:268.

[15]JAMES M BUEHANAN. The Demand and Supply of Public Goods[M]. Liberty Fund Inc,1999.

[16]HENRY B HANSMANN. The Role of Nonprofit Enterprise[J]. The Yale Law Journal, 1980,(4):837 -902.

[17]ROBERT WUTHNOW. Tocqueville's Question Reconsidered:Voluntarism and Public Discourse in advanced Industrial Societies[J]. Between States and Markets: The Voluntary Sector in Comparative Perspective,1991:288 -308.

[18]迈克尔·艾普尔,刘丽玲. 市场、标准与不平等[J]. 教育研究,2004(7).

[19]曹淑江. 论教育的经济属性、教育的公益性、学校的非营利性与教育市场化改革[J]. 教育理论与实践,2004(9).

[20]陈振明. 政府工具研究与政府管理方式改进——论作为公共管理学新分支的政府工具研究的兴起、主题和意义[J]. 中国行政管理,2004(6).

[21]贺武华. 教育券在中国实践的再认识[J]. 比较教育研究,2004(10).

[22]胡咏梅,屠彦斌. 美国择校制度的公平与效率分析[J]. 外国中小学教育,2006(12).

[23]韩骅. 试析发达国家教育拨款模式与机制[J]. 比较教育研究,2001(7).

[24]郭建如. 国家—社会视角下的农村基础教育发展:教育政治学分析

[J]. 北京大学教育评论,2005(3).

[25]刘复兴. 教育民营化与教育的准市场制度[J]. 北京师范大学学报:社会科学版,2003(5).

[26]潘希武. 教育公共治理的公共性是否衰退[J]. 外国教育研究,2006(7).

[27]王伟. 营利性教育机构:理论逻辑与市场现实[J]. 北京大学教育评论,2005(2).

[28]王莹. 论教育中的政府干预问题[D]. 武汉:中南财经政法大学,2001.

[29]袁连生. 论教育的产品属性、学校的市场化运作及教育市场化[J]. 教育与经济,2003(1).

[30]袁振国. 教育如何契合社会需要[J]. 中国教育学刊,1990(5).

[31]朱科蓉. 英美教育市场化改革的价值基础及其悖论[J]. 比较教育研究,2003(11).

[32]曾晓东. "特许"中的"管制"——特许学校改革中政府的作用[J]. 比较教育研究,2004(12).

[33]占盛丽. "准市场"机制理论与西方发达国家的择校改革实践[J]. 比较教育研究,2003(6).

[34]曾晓洁. 米尔顿·弗里德曼"教育凭证"思想浅析[J]. 比较教育研究,1998(3).

[35]刘业进,田汉族. 中国教育服务供给变迁:一个新制度经济学的解释[J]. 清华大学教育研究,2003(1).

[36]于洪. 教育的提供方式及其扩张效应分析[J]. 上海财经大学学报,2000(1).

[37]陈振明. 加强对公共服务提供机制与方式的研究[J]. 东南学术,2007(2).

[38]D. A. 朗蒂内利. 发展的伙伴:公私机构在提供公共服务中的合作[J]. 开放导报,2004(6).

[39]杜育红. 关于新时期基础教育财政体制改革的思考[J]. 北京师范大学

学报:社会科学版,2003(2).

[40]刘泽云.西方发达国家的义务教育财政转移支付制度[J].比较教育研究,2003(1).

[41]曲正伟.我国义务教育公益性的概念建构及其政府责任[J].教育理论与实践,2004(7).

[42]商丽浩,田正平.美国州政府的基础教育转移支付制度[J].比较教育研究,2001(12).

[43]沈百福,李芙蓉.我国部分省(区)义务教育财政投入缺口分析[J].教育发展研究,2004(7).

[44]魏后凯,杨大利.地方分权与中国地区教育差异[J].中国社会科学,1997(1).

[45]陈诗一,张军.财政分权改善了中国地方政府的支出效率吗?来自1978~2004年的省级证据[R].上海:复旦大学中国社会主义市场经济研究中心,2006.

[46]傅勇,张晏.中国式分权与财政支出结构偏向:为增长而竞争的代价[J].管理世界,2007(3).

[47]胡延品.政府财力分配与义务教育经费负担主体困境分析[J].教育与经济,2003(4).

[48]王善迈,袁连生.建立规范的义务教育财政转移支付制度[J].教育研究,2002(6).

[49]阎光才.教育的功能、功用到功效——20世纪西方公共教育政策价值取向的演进逻辑[J].比较教育研究,2002(3).

[50]尹佳,李越.我国基础教育与市场的制度学分析[J].教育发展研究,2004(5).

[51]袁桂林.农村义务教育"以县为主"管理体制现状及多元化发展模式初探[J].东北师大学报(哲学社会科学版),2004(1).

[52]曾满超,丁延庆.中国义务教育财政面临的挑战与教育转移支付[J].北京大学教育评论,2003(1).

[53]曾军平. 政府间转移支付制度的财政平衡效应研究[J]. 经济研究，2000(6).

[54]蔡金花. 美国州政府对义务教育阶段私立学校的资助:原则、内容及特点[J]. 外国教育研究,2007(4).

[55]杨会良,梁巍. 日本农村义务教育财政制度变迁与启示[J]. 日本问题研究,2006(2).

[56]宋健敏. 日本义务教育经费专项转移支付的启示[J]. 中国财政,2006(3).

[57]卢洪友,李凌. 中国城乡义务教育非均等供给及财政制度路径[J]. 华中师范大学学报(人文社会科学版),2008(4).

[58]胡鞍钢,熊义志. 大国兴衰与人力资本变迁[J]. 教育研究,2003(4).

[59]许明,胡晓莺. 当前西方国家教育市场化改革述评[J]. 教育研究,1998(3).

[60]张菀洺. 政府公共服务供给的责任边界与制度安排[J]. 学术研究，2008(5).

[61]胡鸣铎,牟永福. "市场化"语境下的城市公共物品的供给失效及其路径选择[J]. 河北大学学报(哲学社会科学版),2008(3).

[62]唐云锋. 公共选择理论视角下地方债务的成因分析[J]. 财经论丛，2005(1).

[63]张欢,张强,朱琴. 农村义务教育经费"挤出效应"研究[J]. 清华大学教育研究,2004(5).

[64]周金玲. 农村义务教育经费筹措主体分析[J]. 山东社会科学,2003(6).

[65]王雅莉,毕乐强. 公共规制经济学[M]. 北京:清华大学出版社,2005.

[66]约翰・穆勒. 政治经济学原理[M]. 赵荣潜,桑炳彦,朱泱,胡企林译. 北京:商务印书馆,1997.

[67]亚当・斯密. 国民财富的性质和原因的研究[M]. 郭大力,王亚南译. 北京:商务印书馆,1994.

[68]R. 科斯,A. 阿尔钦,D. 诺斯. 财产权利与制度变迁:产权学派与新制度学派译文集[M]. 刘守英译. 上海:上海人民出版社,2004.

[69]保罗·萨缪尔森,威廉·诺德豪斯. 经济学(第18版)[M]. 萧琛译. 北京:人民邮电出版社,2007.

[70]米尔顿·弗里德曼,罗斯·弗里德曼. 自由选择:个人声明[M]. 胡骑等译. 北京:商务印书馆,1998.

[71]米尔顿·弗里德曼. 资本主义与自由[M]. 张瑞玉译. 北京:商务印书馆,2001.

[72]约翰·E. 丘伯,泰力·M. 默. 政治、市场和学校[M]. 蒋衡等译. 北京:教育科学出版社,2003.

[73]奥尔森. 集体行动的逻辑[M]. 陈郁等译. 上海:上海三联书店、上海人民出版社,1995.

[74]E. S. 萨瓦斯,民营化与公私部门的伙伴关系[M]. 周志忍等译. 北京:中国人民大学出版社,2002.

[75]西奥多·H. 波伊斯特. 公共与非营利组织绩效考评:方法与应用[M]. 肖鸣政等译. 北京:中国人民大学出版社,2005.

[76]曲正伟. 我国义务教育中的政府责任研究[D]. 长春:东北师范大学,2003.

[77]朱利霞. 国家观念、市场逻辑与公共教育——转型期西方公立学校改革透析及其对中国的启示[D]. 上海:华东师范大学,2004.

[78]袁振国. 教育改革论[M]. 南京:江苏教育出版社,1992.

[79]袁振国. 中国教育政策评论(2000~2008)[M]. 北京:教育科学出版社,2000~2008.

[80]俞可平. 治理与善治[C]. 北京:社会科学文献出版社,2000.

[81]休·史卓顿,莱昂内尔·奥查德. 公共物品、公共企业和公共选择——对政府功能的批评与反批评的理论纷争[M]. 费昭辉等译. 北京:经济科学出版社,2000.

[82]柯武刚,史漫飞. 制度经济学:社会秩序与公共政策[M]. 韩朝华译. 北

京:商务印书馆,2000.

[83]A. 阿尔钦. 产权:一个经典注释[A]//R. 科斯,D. 诸斯. 财产权与制度变迁——产权学派与新制度学派译文集. 上海:上海三联书店,1994.

[84]S. 鲍尔斯,H. 金蒂斯. 为了自由的教育改革[M]. 王佩雄译. 上海:上海教育出版社,1990.

[85]布坎南. 公共财政[M]. 赵锡军等译. 北京:中国财政经济出版社,1991.

[86]费雪. 州和地方财政学[M]. 吴俊培译. 中国人民大学出版社,2000.

[87]杰佛瑞·布伦南,布坎南. 宪政经济学[M]. 冯克利等译. 北京:中国社会科学出版社,2004.

[88]康芒斯. 制度经济学[M]. 于树生译. 北京:商务印书馆,1962.

[89]罗纳德·J. 奥克森. 治理地方公共经济[M]. 万鹏飞译. 北京:北京大学出版社,2005.

[90]迈克尔·麦金尼斯. 多中心治道与发展[M]. 王文章等译. 上海:上海三联书店,2000.

[91]马尔科姆·卢瑟福. 经济学中的制度——老制度主义与新制度主义[M]. 陈建波等译. 北京:中国社会科学出版社,1999.

[92]约翰·希恩. 教育经济学[M]. 郑伊雍译. 北京:教育科学出版社,1980.

[93]安东尼·吉登斯. 第三条道路:社会民主主义的复兴[M]. 郑戈等译. 北京:北京大学出版社,三联书店,2000.

[94]苌景州. 教育投资经济分析[M]. 北京:中国人民大学出版社,1996.

[95]林尚立. 国内政府间关系[M]. 杭州:浙江人民出版社,1998.

[96]孙国英等. 财政分权:理论基础与实践[M]. 北京:社会科学文献出版社,2002.

[97]熊全龙. 中国教育券制度的实践与探索[M]. 香港:中国教育出版社,2003.

[98]赖德胜. 教育与收入分配[M]. 北京:北京师范大学出版社,2001.

[99]李彬. 乡镇公共物品制度外供给分析[M]. 北京:中国社会科学出版社,2004.

[100]厉以宁. 教育的社会经济效益[M]. 贵阳:贵州人民出版社,1995.

[101]毛寿龙,李梅. 有限政府的经济分析[M]. 上海:上海三联书店,2000.

[102]闵维方,杨周复,李文利. 为教育提供充足的资源[M]. 北京:人民教育出版社,2003.

[103]杨雪冬. 市场发育、社会生长和公共权力构建[M]. 郑州:河南人民出版社,2002.

[104]陈庆云,周志忍. 自律与他律:第三部门监督机制个案研究[M]. 杭州:浙江人民出版社,1999.

[105]周其仁. 产权与制度变迁:中国改革的经验研究[M]. 北京:社会科学文献出版社,2002.